地理辨正疏

下冊

黃石公傳赤松子述義
楊益著、曾求己著
蔣大鴻註、姜垚註
張心言疏
繼大師標點、整理
校對及註解

風水祖師蔣大鴻造像

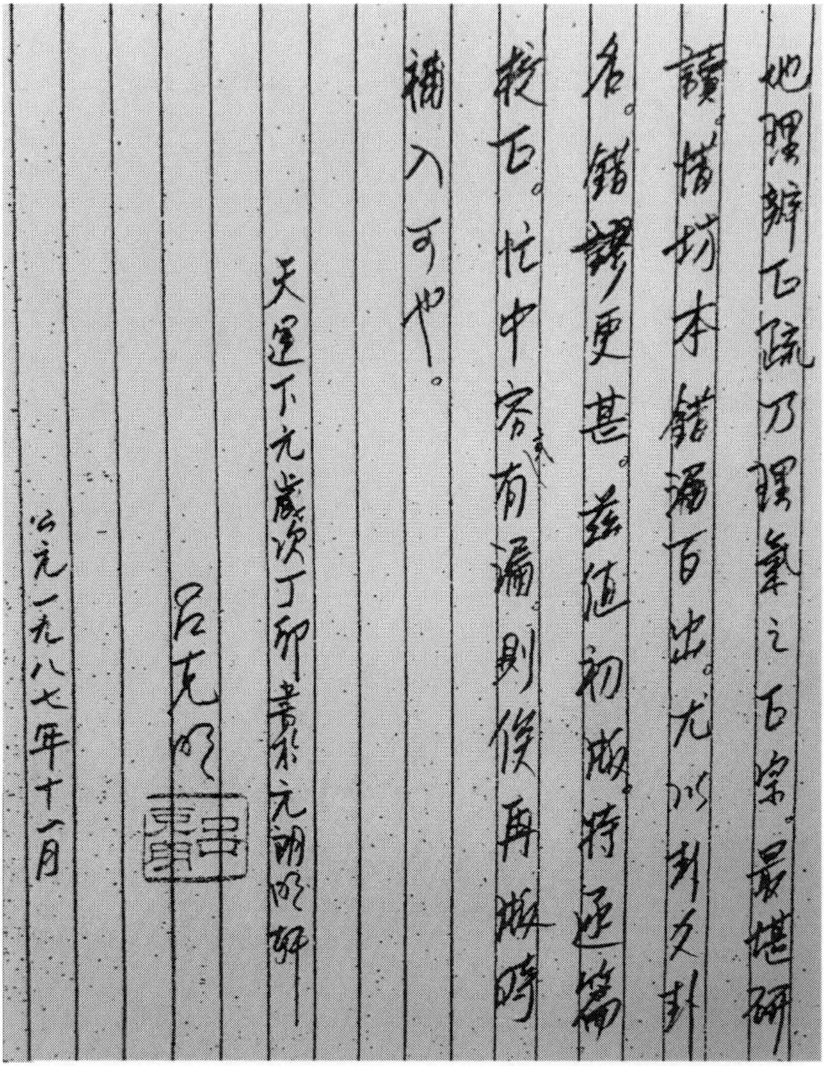

地理辨正疏乃理氣之正宗。最堪研讀。惜坊本錯漏百出。尤於對文卦名。錯謬更甚。茲值初版。特逐篇校正。忙中容或有漏。則俟再版時補入可也。

天運下元歲次丁卯書於元朗明[illegible]

呂克明

[illegible]

公元一九八七年十一月

呂師在《地理辨正疏》內的批註文

三元羅盤

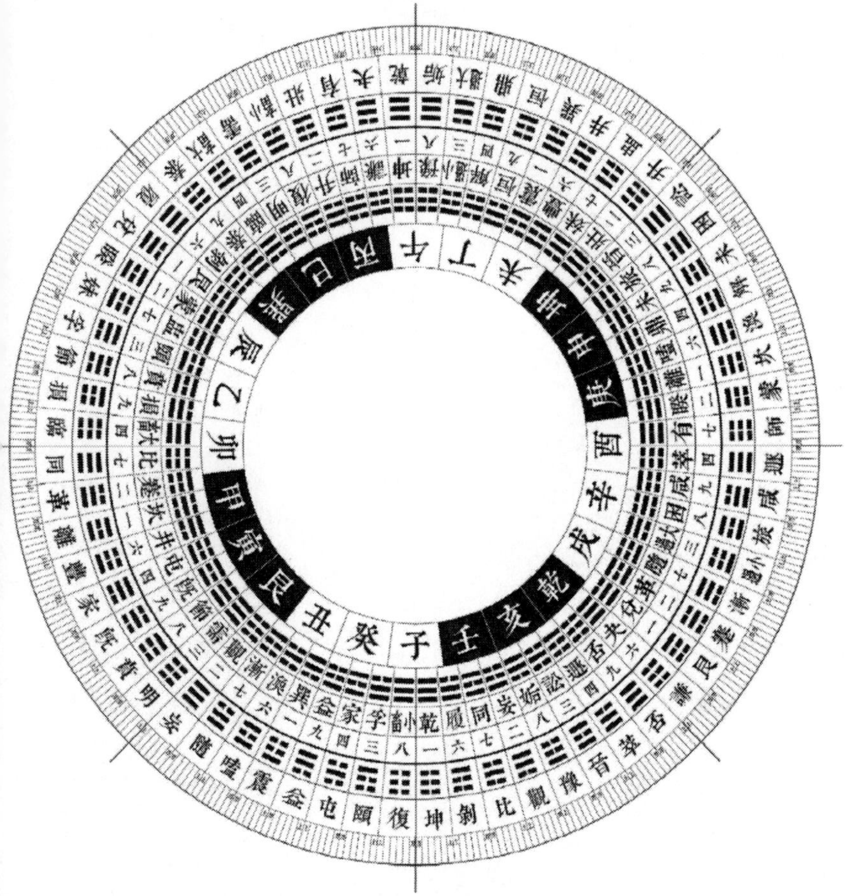

三元內外盤圖

《地理辨正疏下冊》黃石公傳 —— 赤松子述義 —— 楊益（筠松）著

曾求己（公安）著 蔣大鴻（平階）註 姜垚（汝皐）註

張心言（綺石）疏 繼大師標點、整理、校對、及註解

下冊

目錄

（十四）《都天寶照經》唐、楊益（筠松）著——蔣大鴻（平階）註《傳》
張心言補註《疏》——繼大師註《解》

唐、楊益（筠松）著《原文》
蔣大鴻（平階）註及傳《傳》
張心言補註《疏》
繼大師註《解》

《都天寶照經上篇》

《原文》：楊公妙應不多言。實實作家傳。人生禍福由天定。賢達能安命。

張心言補註《疏》：即《葬經》力小圖大為一凶之意。

繼大師註《解》：風水向度所定出的吉凶禍福，是由三元羅盤中的圓圖天盤所定，故說「人生禍福由天定。」

《原文》：貧賤安墳富貴興，全憑龍穴真。龍在山中不出山。掛在大山間。若是沙曲星辰正。收得陽神定。斷然一葬便興隆。父發子傳榮。

蔣大鴻（平階）註《傳》：此一節。專論深山出脈。老龍幹氣。生出嫩支之穴。

《原文》：好龍脫劫出平洋。百十里來長。離祖離宗星辰出。此是真龍骨。前途節節出兒孫。文武脈中分。直見大溪方住手。諸山皆不走。個個回頭向穴前。城郭要周完。

水口亂石堆水中。此地出豪雄。若得遠來龍脫劫。發福無休歇。穴見陽神三摺朝。此地出官僚。不問三男並五子。富貴房房起。津湖溪澗同此看。衣祿榮華斷。

大水大河齊到處。千里來龍住。水口羅星鎖住門。似大將屯軍。落頭定有一星形。非火土即金。正脈落平三五里。見水方能止。二水相交不用砂。只要石如麻。更看硤石高山鎖。密密來包裹。此是軍州大地形。細說與君聽。

蔣大鴻（平階）註《傳》：此一節。專言大幹傳變。行龍盡結之穴。謂之脫劫龍。又名出洋龍。雖云城郭要周完。總之城郭都在龍身上見。不必於穴上見。蓋龍到脫劫出洋。雖衆山擁衞而行。前數節。羣支翼張。羽儀簇簇。至於幾經脫卸之後。近身數節。將結穴時。龍之蹤跡愈變。而龍之機勢愈疾。

此非左右二砂所能幾及。往往龍只單行。譬之大將。匹馬單刀。所向無前。一時偏裨小校都追從不及。所以有不用砂之說也。

高山不甚重水。獨此等龍穴。以水爲證者。何與山剛水柔。水隨山之行以爲行。山不隨水之止以爲止。而云直見大溪方住者。非謂山脈遇水而止也。正因山脈行時。水不得不與之俱行。則山脈息時。水不得不與之俱息。故幹龍大盡之地。自然兩水交環。有似乎千里來龍。遇水而止也。旣云不用砂。而又云密密包裹者。何也。

夫結穴之處。雖不取必於兩砂齊抱。要之真龍憩息之際。定不孤行。外纏夾輔。隱隱相從。水口星辰。有時出見。大爲砂石。小爲羅星。近在數里。遠之二三十里。

皆不可拘。前所謂砂。指本身龍虎而言。後所謂鎖。指外護捍門而言也。只要石如麻。則不止謂水口而已。正言本身結穴之地。

蓋幹龍剝換數十節。其渡水崩洪。穿田過峽。不止一處。若非石骨龍行。何以見真龍結體。今人見平地墩阜。誤認來龍。指為大地。正坐此弊也。凡去出數里。即有高阜。或由人工。或出天造。既無真脈相連。又不見石骨稜起。總不謂之龍穴。

所以落平之龍。重起星辰。必要石如麻也。有石脈乃為真龍。有石穴乃為真穴。山龍五星皆結穴。其云落頭一星。獨取火土金者。大約近祖支龍。宛蜒而下。都結水木。出洋幹結。踴躍而起。都作火土金。雖不可盡拘。而大體有如是者。

前章一葬便興。父發子榮。是言山中支結。龍穉(穉同稚)而局窄。往往易發。此章言發福無休歇。五子房房起。是言出洋大盡。龍老而局寬。往往遲發而久長。意在言表也。

姜氏（姜垚）曰：前章言山谷初落之穴。此言出洋盡結之穴。山龍之法。雖不盡於此，而大略已備於此矣。

《原文》：天下軍州總住空。何曾撐著後頭龍。只向水神朝處取。莫說後無主。立穴動靜中間求。須看龍到頭。

蔣大鴻（平階）註《傳》：此節以下。皆發明平洋龍格。與山龍無涉矣。楊公唐末人。唐之言軍州。猶今之言郡縣也。蓋以軍州為證。見城邑鄉村。人家墓宅。凡落平洋。並不論後龍來脈。但取水神朝繞。便為真龍憩息之鄉。

夫地靜物也。水動物也。水之所止。即是地脈所鍾。一動一靜之間。陰陽交媾。雌雄牝牡。化育萬物之源。所謂元竅相通。即丹家元關一竅也。此便是龍之到頭。非捨陰陽交會之所。而別尋龍之到頭也。識得此竅。則知平洋真龍訣法。而楊公寶照之祕旨盡矣。看龍到頭有口訣。張心言補註《疏》：口訣見首卷

《原文》：楊公妙訣無多說。因見黃公心性拙。全憑掌上起星辰。類聚裝成為妙訣。大山喚作破軍星。五星所聚脈難分。

但看出身一路脈。到頭要分水土金。又從分水脈脊處。便把羅經照出路。節節同行過峽真。前去必定有好處。子字出脈子字尋。莫教差錯丑與壬。

張心言補註《疏》：左半子字統於癸為「復䷗、頤䷚、屯䷂、益䷩」四卦屬震宮☳。右半子字統於壬。為「觀䷓、比䷇、剝䷖、坤䷁」四卦屬坤宮☷。此指子癸而言。故不可雜丑與壬也。

繼大師註《解》：羅盤廿四山之正「子」位，是三元六十四卦外盤中之「坤宮☷」與「震宮☳」之分界線，來龍過峽處或到頭一節，不能在線上，否則陰陽差錯而犯煞矣，或是「子兼壬」方，或是「子兼癸」方，始有主宰，得知其來龍到頭一節屬於何位，則穴上立向要配合之，方為之「不出卦」也。

《原文》：若是陽差與陰錯。勸君不必費心尋。

張心言補註《疏》：左雜右為陰錯。右雜左為陽差。

繼大師註《解》：這指穴之來龍過峽處或到頭一節向度差錯而言。

蔣大鴻（平階）註《傳》：自此章以下。皆楊公平洋祕訣。字字血脈。而又字字隱謎。非真得口口相傳天機鈐訣者。未許執語言文字。方寸羅經。而妄談二十四山八卦九星之理也。

苟得口傳心受（受同授）。則雖愚夫穉（穉同稚）子。可悟楊公心訣。不得口傳心受。縱智過千夫。讀破萬卷。何能道隻字耶。此書乃楊公當日裝成掌訣。傳與黃居士妙應者。

大山喚作破軍星。言水法渙散迷茫之處。五星混雜。出脈未見分明。概名之曰破軍。而不入龍格。只取龍神一路出身之脈。其脈又分水土金三星。合貪巨武為吉。而餘星皆所不取。此三星者。乃形局之星。非卦爻方位之貪巨武也。學者切莫誤認。

自分水脈脊以下。乃屬方位理氣矣。故云便把羅經照出路也。蓋看得水神龍脈。既合三吉星格。其地似可以取裁。乃將指南辨其方位。以定卦之合不合也。合卦則用之。不合卦仍未可用也。節節同行。卦無偏雜。乃許其爲過峽脈真。而知前去定有好穴。不然。則行龍先見駁雜。到頭何處剪裁。

子字以下。乃直指看龍訣法。而舉坎卦一卦爲例。若出脈是子字。須行龍只在子字一宮之內。乃爲卦氣清純。如偏於左。而癸與丑雜。是子癸一卦。而丑字又犯一卦也。如偏於右。而壬與亥雜。是壬子一卦。而亥字又犯一卦也。此爲卦中之陽差陰錯。非全美之龍。故云不必費心尋也。

《原文》：子癸午丁天元宮。卯乙酉辛一路同。

張心言補註《疏》：取癸旁之子。丁旁之午。卯旁之乙。酉旁之辛。指「復䷗、姤䷫、節䷻、旅䷷」四卦以例。其餘凡交通初爻為天元。中爻為人元。上爻為地元。交通初上兩爻為人元。初中兩爻為地元。中上兩爻為天元。天地人三元。非上中下三元之謂也。

繼大師註《解》：「復䷗、姤䷫」兩卦在「子兼癸」山及「午兼丁」山，初爻與四爻交，各交通一爻，為八運天元卦。「節䷻、旅䷷」兩卦在「乙、辛」二山中，初爻與四爻交，各交通一爻，亦為八運天元卦，故云：「天元宮……一路同。」

《原文》：若有山水一同到。半穴乾坤艮巽宮。

張心言補註《疏》：不拘山與水。其到時。或在子癸夾縫。午丁夾縫。為「大過䷛、頤䷚」兩卦。便非純乎天元。而雜四隅之氣矣。乙辛同例。

繼大師註《解》：「子、癸」夾縫中線為山雷頤卦䷚，「午、丁」夾縫中線為澤風大過䷛，兩卦均是三運人元卦；若「復䷗、姤䷫、節䷻、旅䷷」各天元八運卦交雜了三運人元卦，龍山錯配，則卦氣非清純。

《原文》：取得輔星成五吉。

張心言補註《疏》：如龍在八兼二。為輔星。一為弼星。又為貪狼龍。在二兼八。為輔星。九為弼星。又為貪狼。餘仿此。

《原文》：山中有此是真龍。

蔣大鴻（平階）註《傳》：此承上節。羅經照過峽。詳言方位理氣。卽天玉元空大卦之作用也。其法分子午卯酉爲天元宮。寅申巳亥爲人元宮。辰戌丑未爲地元宮。隱然天元之妙理。引而不發。欲使學者得訣方悟。其敢妄洩天秘。犯造物之忌哉。

繼大師註《解》：這幾句「子午卯酉為天元宮。寅申巳亥為人元宮。辰戌丑未為地元宮。」已道出三般卦的真諦，蔣氏在《字字金》中說了一重要口訣：「**四正四隅為父母。**」父母者即天元父母卦，為三般卦之首，惟得真傳者始知。

蔣大鴻（平階）註《傳》：此取四仲之支爲天元宮者。非此四支皆屬天元。乃謂此四支之中有天元龍者存也。而其本文又不正言「子、午、卯、酉、乙、辛、丁、癸」。必錯舉「子、癸、午、丁、卯、乙、酉、辛」者。此其立言之法。已備出脈審峽定卦分星之密旨。觀「一路同」三字。同中微異。

張心言補註《疏》：經文上句謂。子不可雜癸。午不可雜丁。下句謂。乙不可雜卯。辛不可雜酉。一取天干。一取地支。其微異處也。

繼大師註《解》：子午卯酉均為兩宮交界之處，交雜者，即兩宮雜亂，卦氣不清純。

蔣大鴻（平階）註《傳》：須知剖別。已在言外。下文乃全露其機云。此八宮同到。半穴「乾、坤、艮、巽」宮矣。一同到。非謂此八官一同到也。亦非謂八宮之山。與八宮之水一同到也。。謂此四支中任舉一支。與此四干中。一干比肩同到。即雜「乾、坤、艮、巽」之氣矣。蓋「子、午、卯、酉」。本是四正之龍。

張心言補註《疏》：「姤䷫、復䷗、節䷻、旅䷷」宮屬四隅。謂之四正。指外三爻而言也。

繼大師註《解》：此四卦之外三爻為「乾☰、坤☷、坎☵、離☲。」故說四正。而此四卦屬四隅宮，內三爻為「巽☴、震☳、兌☱、艮☶。」故屬支，為二四六八運也。

蔣大鴻（平階）註《傳》：而與八千同到。卽有一半四隅之龍。不可不辨。辨之不清。則欲取天元。而非純乎天元矣。末二句。輔星五吉。指天元宮最清者言。蓋天元龍雖包諸卦。而九星止有三吉。

張心言補註《疏》：本卦之父母為三吉。

蔣大鴻（平階）註《傳》：恐日久發洩太盡。末祚衰微。故須兼收輔弼宮龍神。

張心言補註《疏》：此節論八運。二曰輔。一曰弼。而一卽為貪狼。

蔣大鴻（平階）註《傳》：合氣入穴。以成五吉。

張心言補註《疏》：蓋本卦必有父母。更兼輔弼。合成五吉。

蔣大鴻（平階）註《傳》：然後一元而兼兩元。龍力悠遠不替矣。故目之曰真龍。極其讚美之辭也。此節言山者。皆指水。蓋平洋以水為山。水中卽有山矣。

張心言補註《疏》：山取其氣。水中亦有陽氣。

蔣大鴻（平階）註《傳》：輔星卽是九星中左輔右弼。蓋有二例。一則九宮卦例。以一白配貪狼。二黑配巨門。三碧配祿存。四綠配文曲。五黃配廉貞。六白配武曲。七赤配破軍。八白配左輔。九紫配右弼。

張心言補註《疏》：水運合十輔星裝。一九為弼為貪狼。以此為天元龍。捷訣可也。

繼大師註《解》：以上所說是六十四卦卦理之九星，一運以一白貪狼收山，右弼九紫收水，二運以二黑巨門收山，八白左輔收水，三運以三碧祿存收山，七赤破軍收水，四運以四綠文曲收山，六白武曲收水。五運廉貞，前十年歸四綠文曲管，後十年歸六白武曲管。六運以六白武曲收山，四綠文曲收水，七運以七赤破軍收山，三碧祿存收水，八運以八白左輔收山，二黑巨門收水，九運以右弼九紫收山，一白貪狼收水。山與向錯卦合十，龍與水錯卦合十。

蔣大鴻（平階）註《傳》：此《天玉經》元空大卦之定理也。一則八宮卦例。將輔弼二星並一宮。分配八卦。制爲掌訣。二十四山系於納甲之下。互起貪狼。爲立向消水之用。陽宅天醫福德。亦同此訣。竊以之彰往察來。皆無明驗。蓋即天玉所辨二十四山起八宮。唐一行所造。後人指為滅蠻經者也。二說真僞判然。不可以誤認。

五吉。即三吉。蓋形局九星。以水土金三星。為貪、巨、武三吉。而輔弼為入穴收氣之用。方位九星。亦有三吉。雖以貪狼統龍。而每宮自有三吉。不專取巨武。

此節天元宮兼輔為五吉。中有隱語。非筆墨所敢盡。既云五吉。則分輔弼作兩星以配九宮。其非八宮之訣明矣。若在人地兩元。別有兼法。見諸下文。此節以下所舉干支卦位。俱帶隱謎。若從實推詳。不啻說夢。非楊公言外之奧旨矣。

《原文》：辰戌丑未地元龍。乾坤艮巽夫婦宗。

張心言補註《疏》：履䷉在辰旁半巽。謙䷎在戌旁半乾。噬嗑䷔在近艮之丑。井䷯在近坤之未。故夫婦宗也。

繼大師註《解》：「履䷉、謙䷎、噬嗑䷔、井䷯。」四卦俱為六運卦，為地元龍，「履䷉、謙䷎」及「噬嗑䷔、井䷯」為合十夫婦卦。

《原文》：甲庚壬丙為正向。脈取貪狼護正龍。

張心言補註《疏》：甲庚壬丙。指乾䷀坤䷁坎䷜離䷝四卦。為上四卦父母。又即是貪狼。

繼大師註《解》：「甲」為離卦䷝，「庚」為坎卦䷜，兩卦屬父母卦，又為合十夫婦卦。「壬」為比卦䷇，其父母卦是坎䷜及坤䷁，「丙」為大有卦䷍，其父母卦是離䷝及乾䷀。故以乾䷀坤䷁坎䷜離䷝四卦為父母。以上諸卦，所有內外三爻均為「乾☰、坤☷、坎☵、離☲」，四正卦屬陽。

蔣大鴻（平階）註《傳》：此取四季之支爲地元龍者。亦謂此四支中有地元龍者存也。此四支原在乾坤艮巽卦內。故曰夫婦宗。此元氣局逼隘。不能兼他元爲五吉。

張心言補註《疏》：此節論六運。六可兼四。然同在中元運中。非兼他元也。

繼大師註《解》：履卦䷉變上爻為兌䷹，變三爻為乾䷀；謙䷎變上爻為艮䷳，變三爻為坤䷁；井䷯變上爻為巽䷸，變三爻為坎䷜；噬嗑䷔變上爻為震䷲，變三爻為離䷝；此六運子息卦變三爻或上爻俱成一運貪狼父母卦，乃子息變父母。

蔣大鴻（平階）註《傳》：止取貪狼一星。真脈入穴。護衛正龍根本。則卦氣未值。其根不搖。卦氣已過。源長流遠。斯爲作家妙用。貪狼卽在甲庚壬丙之中。故但於此取正向乘正脈。與天人兩元廣收五吉者有殊。不言輔星。輔弼已在其中故也。楊公著書。泛論錯舉之中。其金針玉線。一絲不漏。蓋如此。

《原文》：寅申巳亥人元來。

張心言補註《疏》：指「明夷䷣、訟䷅、需䷄、晉䷢」四卦為例。

繼大師註《解》：「明夷䷣、晉䷢及訟䷅、需䷄」為三運人元卦，兩對卦之關係均為綜卦及覆卦，另外還有七運，亦屬人元卦，三七合十運之故。

《原文》：乙辛丁癸水來催。

張心言補註《疏》：指「損䷨、咸䷞、恒䷟、益䷩」四卦為三運卦之貪狼。其實此四卦非上句四卦之貪狼也。蓋上四卦為天☰地☷水☵火☲。此四卦為雷☳風☴山☶澤☱。不過錯舉為例耳。

《原文》：更取貪狼成五吉。

張心言補註《疏》：玩更字義。謂若收七運八卦之人元龍。當更取一運為貪狼。蔣註太滑。下文自明。蓋此節兼舉三七兩運之人元龍而言也。

《原文》：寅坤申艮御門開。

張心言補註《疏》：如收三運寅中明夷䷣之龍。以同運對待而言。宜收訟卦䷅之水。然此宮廣大兼容。即收坤中蠱卦䷑之水。內取合五。外取一六可也。抑如收申中訟卦䷅之龍。而收艮中隨卦䷐之水。內取合十五。外取四九。均為合法。且不失為本運合十之輔星也。

繼大師註《解》：「明夷䷣」龍配「訟䷅」卦水，為龍水合十，是標準的配法，所謂「同運對待」即合十夫婦卦也。「明夷䷣」龍配「蠱䷑」卦水，外三爻坤☷艮☶合一六，內三爻離☲巽☴合五；訟卦䷅龍配隨卦䷐水，外三爻乾☰兌☱合四九，內卦坎☵震☳合十五，龍水可兼收。

《原文》：巳丙宜向天門上。亥壬向得巽風吹。

張心言補註《疏》：此用卦剪裁法也。如龍水巳。收七運同人䷌師䷆二卦。而更有兩客水在「壬、丙、巳、亥」之間。或收作「丙、壬」「大有䷍、比䷇」二卦。或收作「巳、亥」「需䷄、晉䷢」二卦。俱收得清。

法宜去丙收巳。去壬收亥。夫大有䷍與比䷇。豈非同運之卦乎。然俱收同運。一發如雷。無以補救。於將求況。七運卦。屬歸魂。尤須輔弼為功。

繼大師註《解》：火天大有卦䷍為乾宮☰之歸魂卦。

蔣大鴻（平階）註《傳》：此四孟之支。亦屬四隅卦。此四支中有人元龍者存也。天元之後。即應接人元。楊公因三才三正之序。顛倒錯列。亦隱祕其天機。使人不易測識耳。此元龍格。亦必兼貪狼。而後先榮後凋。若不兼貪狼。慮其發遲而驟歇矣。

用乙辛丁癸水催之者。謂此四水中有貪狼也。此宮廣大兼容。故旁及坤艮。亦所不礙。故曰御門開。若是「巳、丙、壬、亥」相兼。則犯陰陽差錯之龍也。

法宜去丙就巳。去壬就亥。以清乾巽之氣。此則專為人元辨卦而言。處處欲要歸一路。蓋一路者。當時直達之機。兼取者。先時補救之道。不直達。則取勝無選鋒。不補救。則善後無良策。二者不可偏廢也。

總觀三節文義。「子、午、卯、酉」。配「乙、辛、丁、癸」。「辰、戌、丑、未」。配「乾、坤、艮、巽」。為夫婦同宗。而「寅、申、巳、亥」。獨不配「甲、庚、壬、丙」為夫婦。則其本意。不以「甲、庚、壬、丙」屬「寅、申、巳、亥」可知矣。

張心言補註《疏》：蓋「寅、申、巳、亥」與「甲、庚、壬、丙」為陽儀、陰儀分界之地。故不相屬也。

繼大師註《解》：「子、午、卯、酉」配「乙、辛、丁、癸」，即是：

「子、癸」為復䷗頤䷚兩卦，「午、丁」為姤䷫大過䷛兩卦。

「卯、乙」為臨䷒損䷨兩卦，「酉、辛」為遯䷠咸䷞兩卦。

他們的關係是生成共路夫婦卦。「辰、戌、丑、未」配「乾、坤、艮、巽」的關係亦是一樣。

「甲、寅」為三元外盤離宮☲中間陰陽兩儀分界之線，家人䷤與豐䷶為假夫婦。

「庚、申」為三元外盤坎宮☵中間陰陽兩儀分界之線，渙䷺與解䷧為假夫婦。

「壬、亥」為三元外盤坤宮☷中間陰陽兩儀分界之線，觀䷓與豫䷏為假夫婦。

「丙、巳」為三元外盤乾宮☰中間陰陽兩儀分界之線，小畜䷈與大壯䷡為假夫婦。

蔣大鴻（平階）註《傳》：此正合天玉大五行作用。而非十二支配十二干爲一路之俗說也。故不曰「寅、申、坤、艮」。而曰「寅、坤、申、艮」。非以寅爲坤。以申爲艮也，巳屬巽。而反曰天門。亥屬乾。而反曰巽風。顛倒裝成。其託意微。而且幻類如此。

至其立言本旨。不過隱然說出陰陽交互之象。然篇中皆錯舉名目。不肯分明。至後節主客東西。方露出端倪。而終不顯言。先賢之祕慎如此。使我有浪洩天機之懼矣。

《原文》：貪狼原是發來遲。坐向穴中人未知。立宅安墳過兩紀。方生貴子好男兒。

蔣大鴻（平階）註《傳》：貪狼。諸卦之統領。得氣先而施力遠。何云發遲。此言人地兩元兼收之脈。不當正卦。旁他涵蓄。故力不專。是以遲也。

兩紀約略之辭。生貴子。正見誕育英才。以昌世業。隱含悠久之義。非若他宮一卦乘時。催官暫發之比。若夫應之遲速。是不一端。烏可執此爲典要也。

《原文》：立宅安墳要合龍。不須擬對好奇峰。主人有禮客尊重。客在西兮主在東。

蔣大鴻（平階）註《傳》：山龍真結。必對尊星。而後出脈。或迴龍顧祖。或枝幹相朝。先有主峯。乃始結穴。故必以朝山為重。非重朝山。正重本身出脈真僞也。

平洋既無來落。但以水城論結穴。水自水。山自山。雖有奇峯。並非一家骨肉。向之無益。故只從立穴處消詳堂局。收五吉之氣。謂之合龍。而不以朝山為正案也。

末二句乃一篇之大旨。精微元妙之談。所謂主客。又不止於論向。而指龍為主人向為賓客也。主客猶云夫婦。實指陰陽之對待。山水之交媾。一剛一柔。一牝一牡。元竅相通。皆在於此。

言有此主。卽有此客。有此客便有此主。主客雖云二物。實一氣連貫。如影隨形。如谷答響。交結根源。一息不離。非謂既有此主。乃更求賢賓以對之也。

東西蓋舉一方而言。亦可云主在西兮客在東。亦可云主在北兮客在南。主在南兮客在北。八卦四隅。無不皆然。所謂陰陽顛倒顛也。自天下軍州至此。統論平洋龍法。其中卦位干支秘訣。總不出此二語。故於結尾發之。以包舉通篇之義。學者所當潛思而曲體之。

（姜垚註）：姜氏曰（姜垚）。一自寶照發明平洋龍格。開章直喝天下軍州總住空。何須撐著後頭龍。大聲疾呼。朗吟高唱。此為楊公撰著。此書通篇眼目。振綱挈領之處。不可泛泛讀過。蓋平洋龍格。學世所以茫然者。只因俗師聾瞽。將山龍混入。無從剖辨。觸處成迷也。

平洋之作法既迷。並山龍之真格亦謬。失其一並害其二矣。楊公苦心喝此二語。醒人千古大夢。使知平洋二宅。不論坐後來脈。凡坐空之處。反有真龍。坐實之處。反無真龍。與山龍之胎息孕育。截然相反。

欲學者從此一關。打得透徹。更不將剝換過峽。高低起伏。馬跡蛛絲。草蛇灰線等字纏擾胸中。只在陰陽大交會處。悟出真機。

張心言補註《疏》：余二年前（公元1824 清宣宗道光四年甲申年）曾將此註批駁。近以天下軍州前後二節。按之於地。熟玩深求。覺有至理。非可以言語形容者。

蓋平洋州郡城池。全賴水神融結。形勢瀠洄。來源之合而分。分而復合。與趨局。諸水交會於局前。而來龍之剝換起伏可知矣。

消水之去而回。回而復去。與全局諸水大會於局後。而下砂之兜抱逆轉可知矣。所謂穴落於河圈之中。莫問其龍來何處。故觀於水。而龍與砂自在其中。此真大元空之真機妙諦也。

至拘拘焉以目前開瀁透光。折注有情之水。論卦理。較生尅猶屬中下之地耳。而泥於撐着後龍者。更無論矣。

（姜垚註）：而後八卦九星。干支方位。以次而陳。絲絲入扣。平龍消息。始無掛漏之虞。平龍既無掛漏。而山龍亦更無掛漏矣。倘不明此義。只將後龍來脈。膠葛糾纏。則造化真精。何從窺見。雖授之以八卦九星之奧。亦無所施也。

窮年皓首。空自茫茫，高山平洋，總歸魔境。我於是益歎楊公度人心切也。後篇所以覆舉二語。重言以申明之意深切矣。

此篇前十二句為一章。言深山支龍之穴。中三十四句為一章。言幹龍脫殺出洋之穴。此二章皆屬山龍。後四十六句。分七節為一章。言平洋水龍之穴。

繼大師註《解》：此《都天寶照經》〈上篇〉首先說明平洋水龍之形勢原理，再說古代首都「軍州」是平洋龍的結作，沒有後靠，只看水繞是真龍。又以廿四山暗說六十四卦，指出真假夫婦卦及三般卦；貪狼卦發得遲，能配合方位方向之卦理則吉，是謂：「巒頭配合理氣。」其中理氣較為隱秘的地方，就是地元龍之「脈取貪狼護正龍。」此口訣在部份三元派別內已經失傳！是為四、六運卦之變爻法，最後說出真龍在於氣脈之真，不需貪著奇峰。

《都天寶照經上篇完》

《都天寶照經中篇》唐、楊益（筠松）著 —— 蔣大鴻（平階）註《傳》
張心言補註《疏》 —— 繼大師註《解》

唐、楊益（筠松）著《原文》
蔣大鴻（平階）註及傳《傳》
張心言補註《疏》
繼大師註《解》

《都天寶照經中篇》

《原文》：天下軍州總住空。何須撐着後來龍。時人不識元機訣。只道後頭少撐龍。大凡軍州住空龍。便與平洋墓宅同。州縣人家住空龍。千軍萬馬悉能容。分明見者猶疑慮。龍不空時非活龍。

教君看取州縣場。盡是空龍擺撥蹤。莫嫌遠來無後龍。龍若空時氣不空。兩水界龍連生窟。穴得水兮何畏風。但看古來卿相地。平洋一穴勝千峰。

蔣大鴻（平階）註《傳》：天下軍州二語。前篇已經喚醒。楊公之意。猶恐後人見不真。信不篤。故反覆詠歎。層層洗發。窮追到底。罄其所以然之故。又恐概說軍州大勢。尚疑人家墓宅。或有不然。故指實而言。軍州如是。墓宅亦無不如是。只勸世人揀擇空龍。切勿取實龍作撐也。所以然者何也。

山龍只論脈來。平洋只論氣結。空則水活而氣來融結。實則障蔽而生氣阻塞。肉眼但見漭漭平田。（漭音妄，形容廣濶無際。）毫無遮掩。疑爲坐下風吹氣散之地。不知水神界抱。陽氣沖和。平洋之穴。無水則四面皆風。有水則八風頓息。所謂：「氣乘風則散。界水則止。」古人之言。正爲平洋而發也。

繼大師註《解》：平洋地無山，以水流為靠，雙水夾着之平地就是來龍，來龍後方雖空，因有水流屈曲而來，屈曲的水流，把生氣凝聚其中。平地上的水流由高自低流，水流上空附着流動的空氣而成風，平地上的亂氣流吹過，一遇上水流上空的風，便融入其中，使之不能亂吹。故平洋地以水流為靠，是為靠空。

平洋一穴，是一大片平地地氣所集中之一點，雖是大吉之地，但山崗龍有千個山峰來朝之真龍結穴，是絕對不會輸給平洋穴的，楊公他是讚嘆平洋穴的好處，故誇大其詞。

《原文》：子午卯酉四山龍。坐對乾坤艮巽宮。莫依八卦陰陽取。

張心言補註《疏》：此指三合八卦五行。

《原文》：陰陽差錯敗無窮。百二十家渺無訣。此訣元機大祖宗。來龍須要望龍穴。後若空時必有功。帝座帝車並帝位。帝宮帝殿後當空。萬代侯王皆禁斷。予今隱出在江東。陰陽若能得遇此。虬蚓逢之便化龍。

蔣大鴻（平階）註《傳》：此明八卦之理。即前子午卯酉。屬坎離震兌四卦。乾坤艮巽。又四卦之義也。所謂坐對。非指山向。蓋四正卦與四隅卦。兩兩相對。故云然也。八卦陰陽者。指八卦五行。以乾卦領震坎艮三男而屬陽。坤卦領巽離兌三女而屬陰。此先天之體。非後天之用。以之論陰陽。則差錯而敗不勝言矣。

談陰陽者。百二十家。皆此是彼非。渺無真訣。惟有元空大卦。乃陰陽五行大祖宗。聖聖相傳。非人勿示也。識得此訣。雖帝王大地。瞭若指掌。特禁祕而不敢言耳。楊公自言。既得至道。不敢炫耀於世。故披褐懷玉。抱道無言。然天寶雖祕惜。而救世之心。未嘗少懈。

曾於《天王經》江東一卦諸篇。隱出其旨。世之好陰陽者。有緣會遇。信而行之。頃刻有魚龍變化之徵也。或云楊公得道之後。韜光晦跡。背其鄉井。隱於江東。俟考。

繼大師註《解》：先天八卦。以「乾☰」卦屬九。統領「震☳八」、「坎☵七」、「艮☶六」。故六七八九屬陽。坤卦☷屬一。統領「巽☴二」、「離☲三」、「兌☱四」故一二三四屬陰。

在後天卦位而言。「子」屬「坎☵」北。「午」屬「離☲」南。「卯」屬「震☳」東。「酉」屬「兌☱」西。為四正卦。「乾☰」屬東北。廿四山為「戌乾亥」。「坤☷」屬西南。廿四山為「未坤申」。「艮☶」屬東北。廿四山為「丑艮寅」。「巽☴」屬東南。廿四山為「辰巽巳」。這以後天文王八卦而論。

據宋朝國師吳景鑾在他所著的《陰陽天機書表》中所說，（見《選擇求真》〈卷一〉玄學出版社印行。十四至十五頁。）楊公從瓊林寶庫內取得丘延瀚祖師之秘本《國內天機書》後，走至江右，即現時的江西省興國縣梅窖鎮三僚村教授風水，韜光晦跡，著書立說，此《都天寶照經》亦是當時所著。

《原文》：子午卯酉四山龍。支兼干出最豪雄。

張心言補註《疏》：子兼癸為頤䷚、復䷗二卦。合一六。午兼丁為姤䷫、大過䷛二卦。合四九。即雙雙起之法。餘仿此。運卦

繼大師註《解》：「三運卦頤䷚、八運卦復䷗」二卦，天卦合一六共宗，地卦相同；「八運卦姤䷫、三運卦大過䷛」二卦，天卦合四九為友，地卦相同，為「生成共路夫婦卦」。三運與八運亦為生成卦運也。「雙雙起之法」即是《天玉經》所說之「雙山雙向水零神。富貴永無貧。」支兼干出即是 「雙雙起之法」。

《原文》：乙辛丁癸單行脈。半吉之時又半凶。

張心言補註《疏》：癸字單行為益䷩、屯䷂二卦。丁字單行為恒䷟、鼎䷱二卦。雙收亦吉。然三合盤。一字有二卦半。若將丁字滿收。便有大過䷛半卦在內。故又為半凶。餘仿此。

繼大師註《解》：「九運卦益䷩、四運卦屯䷂」二卦，卦運四九合生成，天卦合二七同道，地卦相同；「九運卦恒䷟、四運卦鼎䷱」二卦，卦運合四九生成，天卦合三八為朋，地卦相同，亦為「生成共路夫婦卦」。廿四山之「癸」內，除「益䷩、屯䷂」二卦外，還有「頤䷚」卦；廿四山之「丁」內，除「恒䷟、鼎䷱」二卦外，還有「大過䷛」卦。「四運卦屯䷂」與「三運卦頤䷚」數不合，「三運卦大過䷛」與「四運卦鼎䷱」數不合，故合數者吉，不合數者凶。故云：「半吉半凶」。

《原文》：坐向乾坤艮巽位。

張心言補註《疏》：此節重演天元。指震䷲、巽䷸、艮䷳、兌䷹四卦。為弼星。即為貪狼。不曰弼。而曰輔。就俗法通稱也。

《原文》：兼輔而成五吉龍。

蔣大鴻（平階）註《傳》此皆楊公隱謎。舉四正為例。若行龍在子午卯酉四支。長流不雜。雖兼帶干位。總不出本卦之內。其脈清純。故云最豪雄也。繼大師註《解》：四正方為各宮位之分界線，來龍與坐山須合，脈之卦氣與坐山不出卦，是為清純。

若乙辛丁癸。雖屬單行。未免少偏。即犯他卦。所以吉凶參半也。言子午卯酉。而乾坤艮巽不外是矣。言乙辛丁癸。而甲庚壬丙不外是矣。辨龍既清。乃於諸卦位中。隨便立向。則又以方圓為規矩。而未嘗執一者也。

《原文》：辰戌丑未四山坡。甲庚壬丙葬墳多。

張心言補註《疏》：此節重演地元。

《原文》：若依此理無差謬。清貴聲名天下無。為官自有起身路。兒孫白屋出登科。

八卦不是真妙訣。

張心言補註《疏》：地中生氣先天俱生。故後天八卦非元空真妙訣也。

《原文》：時師休把口中歌。敗絕只因用卦安。何見依卦出高官。陰山陽水皆真吉。下後兒孫禍百端。水若朝來須得水。莫貪遠秀好峰巒。審龍若依圖訣葬。官職榮華立可觀。

蔣大鴻（平階）註《傳》：此指四隅龍脈而言。而舉辰戌丑未為隱謎也。謂此等行龍。而取甲庚壬丙向者甚衆。必須龍法純全。向法合吉。毫無差謬。而後清貴之名。卓於天下也。起身路正。指來龍之路。八卦本是真訣。而誤用則禍福顛倒。故云非妙訣。

後章八卦只有一卦通。乃始微露消息矣。收水之法。向云陽用陰朝。陰用陽應。乃卦理至當不易之言。而竟有陰山陽水。陽山陰水。反見災禍者。則辨之不真。陽非陽而陰非陰也。得水二字。

世人開口混說。然非果識天機祕旨。收入元竅之中。雖三陽六建。齊會明堂。虎抱龍迴。涓滴不漏。總未可謂之得。若知得水真訣。即陰陽八卦之理。示諸斯乎。莫貪遠秀好峯。即上篇已發之義。致其叮嚀之意云爾。

《原文》：元機妙訣有因由。向指山峰細細求。起造安墳依此訣。能令發福出公侯。
真向支山尋祖脈。干神下穴永無憂。寅申巳亥騎龍走。乙辛丁癸水交流。

張心言補註《疏》：此即重演人元。蓋此八龍在陽儀陰儀交界之地。如收寅申家人卦䷤之龍。必須左浜揰斷甲中之豐卦䷶。（揰音沖－推擊之意。）或豐卦䷶有沽水領來則更妙。此之謂騎龍走水交流也。非收寅申巳亥之龍。必取乙辛丁癸之水為配也。

一說上文干支二字。仍以一三七九生數四卦為干。二四六八成數四卦為支。按支山干神二句。其義未盡。總以十六父母為支。餘卦為干。始無遺義。

繼大師註《解》：各先賢未肯說破干支之理。只是重覆字句。或作出不肯定的詞義。此句「仍以一三七九生數四卦為干。二四六八成數四卦為支。」是最接近的了。據繼大師所瞭解。其真實意思是：「一三七九卦運為干。 二四六八卦運為支。」干支各有卅二卦。共六十四卦。為「六十四卦分陰陽」。

《原文》：若有此山並此水。白屋科名發不休。昔日孫鐘扦此穴。從此聲名表萬秋。

蔣大鴻（平階）註《傳》：通篇皆言平洋。此章乃插入山峯者何也。蓋八卦九星。乃陰陽之大總持。故凡有山之水。可以不論山。而有水之山。不能不論水。若遇山水相兼之地。未可但從山龍而論。還須細細尋求。亦必合此元空大卦之訣。而後墓宅產公侯也。

祖脈必要支山。蓋從四正而論。下穴立向。則不拘干支矣。此祖脈乃元空之祖脈。非山龍之來脈也。讀者切勿錯認。寅申巳亥。乙辛丁癸。俱屬易犯差錯之龍。故曰騎龍走。水交流。文有殊。義無別。此山此水。而科名不歇者。不犯差錯故也。孫鐘墓。在富陽天子岡。木山龍。而收富春江長流之水。故引爲證。

繼大師註《解》：孫鍾乃吳郡富春縣人，至孝篤信，種瓜為業，子為孫堅，孫為孫權。公元 220 年曹丕篡漢稱帝，國號魏，公元 221 年劉備於成都繼承漢統，自稱漢帝。孫權坐擁江東諸郡，公元 222 年以來自稱吳王，公元 229 年孫權終於決定稱帝，與曹劉形成三國鼎立之局，富陽天子岡木山龍之孫鐘墓，蔭出一方之王。

《原文》：來龍須看坐正穴。後若空時必有功。州縣官衙為格局。必然清顯立威雄。范蠡簫何韓信祖。乙辛丁癸足財豐。亥壬豐隆興祖格。巳丙旺相一般同。

張心言補註《疏》：二句互看。亥不可雜壬。而壬可收巳。巳不可雜丙。而丙可收。亥與巳。丙宜向天門。上兩句義同。

繼大師註《解》：「亥不可雜壬」即亥之豫卦䷏，壬之觀卦䷓；「巳不可雜丙」即巳之小畜卦䷈，丙之大壯卦䷡；兩組卦為三元外盤乾☰坤☷二宮之兩儀交界處，卦氣不清，故來龍不可犯陰陽交雜。若來龍為丙之大壯䷡，向可收亥之豫卦䷏，為倒排父母，水口收壬之觀卦䷓，坐山為巳之小畜䷈，為龍山向水之標準配法，是挨星之一，為同運及合十運之兄弟卦。為二八運相配，真正的一氣清純格局。

《原文》：寅申巳亥等五吉。乙辛丁癸四位通。

張心言補註《疏》：如收寅申巳亥等人元龍。要兼收五吉。須在乙辛丁癸四位中通消息也。玩此節經文。補一等字便知。余註第一節人元龍。較蔣註更為的當。

繼大師註《解》：張氏毫不吝嗇，把經中之要義註解清楚，但其用法仍有保留，蔣註兜兜轉轉，未得真傳之人難以理解。「寅申巳亥」為干，「乙辛丁癸」為支，各讀者可將此八山所屬之卦列出，細讀張疏，分析自明。

《原文》：紫緋畫錦何榮顯。三牲五鼎受王封。龍回朝祖元字水。科名榜眼及神童。後空已見前篇訣。穴要窩鉗脈到宮。試看州衙及臺閣。那個靠著後來龍。砂揖水朝為上格。羅城擁衛穴居中。依圖取向無差誤。不是王侯即相公。

蔣大鴻（平階）註《傳》：後空之旨。屢見篇中。而此章又反覆不已者。蓋後空不但無來脈而已。並重坐下有水。乃謂之活龍擺撥。而成真空有氣也。故首句云坐正穴。實指穴後有水取爲正坐也。

古賢舊蹟。往往如此。遍地鉗。所謂杜甫盧同李白祖。此又引范蠡、蕭何、韓信。總合此格。下列諸干支言。不論是何卦位。只要合得五吉收歸坐後。發福如許爾。故下文卽接回龍朝祖元字水。分明指出言朝曲水。抱向穴後。乃回龍顧祖之格也。神童黃甲。必可券矣。

篇中又自言後空之訣。已見前篇。然恐人誤認。只取坐後無來脈。便云有氣。不知穴後必須水抱成窩鉗之形。而後謂之到宮。若但云空耳。非坐水之空。空何貴焉。砂揖水朝。羅城擁衛。皆就水神而論。穴正居中。指坐穴也。此節直說出王侯將相大地局法。非泛論也。

《原文》：天機妙訣本不同。八卦只有一卦通。

張心言補註《疏》：如九運為「泰䷊、損䷨、既䷾、益䷩」等卦。在乾為天卦。歌中各取一卦。一絲不亂。

繼大師註《解》：九運卦以先天卦數，作上下卦數合十，即「天地否䷋、地天泰䷊、雷風恒䷟、風雷益䷩、水火既濟䷾、火水未濟䷿、山澤損䷨、澤山咸䷞」。上下卦相交，一爻與四爻交，二爻與五爻交，三爻與六爻交，全部變動，卦象為三爻陽爻，為「乾☰」而屬九數，為九運卦。故曰「八卦只有一卦通」。其實是一卦可通八卦，其餘七宮卦運均如此類推。「一卦通」亦可指為「天心正運卦」。

《原文》：乾坤艮巽躔何位。

張心言補註《疏》：看此一卦。其躔在「乾、坤、艮、巽」位中取。

《原文》：乙辛丁癸落何宮。張心言補註《疏》：抑落在「乙、辛、丁、癸」宮中耶。

《原文》：甲庚壬丙來何地。張心言補註《疏》：或來自「甲、庚、壬、丙」地位耶。

《原文》：星辰流轉要相逢。莫把天罡稱妙訣。錯將八卦作先宗。乾坤艮巽出官貴。乙辛丁癸田莊位。甲庚壬丙最為榮。下後兒孫出神童。未審何山消此水。合得天心造化工。

張心言補註《疏》：天心斗杓。所指之九運也。

繼大師註《解》：「乾☰」屬九數。為九運卦。唐宋年間，有司馬頭陀地師，著有水法歌訣，其中云：「**辛入乾宮百萬莊。癸歸艮位發文章。乙向巽流清富貴。丁坤終是萬斯箱。**」是抄錄楊公此段經文，借廿四山說六十四卦之理。

蔣大鴻（平階）註《傳》：**一部寶照經。不下數千言。皆半含半吐。至此忽然漏洩。蓋陰陽大卦。不過八卦之理。而篇中乃云八卦不是真妙訣者。正為不得真傳。不明**

用卦之法故也。而其所以不明用卦之法者。皆因泛言八卦。而不知八卦之中。止有一卦可用故也。大五行祕訣。不過能用此一卦。卽從此一卦流轉九星。便知乾坤艮巽諸卦落在何宮。二十四干支落在何宮。而或吉或凶。指掌瞭然矣。

俗師不得此訣。妄立五行。有從四墓上起天罡。以爲放水出煞之用。如何合得八卦之理。夫收得山來。乃出得煞去。不知一卦作用。山既無從收。一卦不收。諸卦干支。又何從流轉九星。求純棄駁。而消水出煞乎。

今人但知二十四山。處處可出官貴。處處可旺田莊，處處可出神童。而不知二十四位水路交馳。果下何卦。收何山。乃消得此水。出得煞去。

張心言補註《疏》：註明更有收山出煞訣句下。

蔣大鴻（平階）註《傳》：夫既不能收山出煞。則其談八卦。論干支。皆胡言妄說而已。何以契合天心。而造化在手也。天心卽天運。非善人合天之家。不能遇也。大五行所謂一卦。卽指天心正運之一卦也。

繼大師註《解》：每運之當元天心正運一卦為「一運坤䷁，二運觀䷓，三運晉䷢，四運萃䷬，五運為某些卦之兼運卦，六運剝䷖，七運比䷇，八運豫䷏，九運否䷋」。亦可指「一卦通八卦」，篇中露此二字。其間元妙。難以名言。楊公雖指出天心一卦之端。而其下卦起星之訣。究竟未嘗顯言。則天機秘密。須待口傳。不敢筆之於書也。

繼大師註《解》：「下卦起星」者，為各卦之內三爻，下卦相同，起出星運宮位，用法須得真傳。

姜氏曰：篇中八卦干支。縱橫錯舉。原非實義。細玩此節。何位。何宮。何地等句。卽知經文皆屬活句。非死句也。我師於前篇註中。切戒學者。毋得執定方位。意在此爾。凡讀楊公書者。當知此意。非獨寶照而已。天玉青囊。無不皆然。

《原文》：五星一訣非真術。城門一訣最為良。

張心言補註《疏》：城門消水口也。註明《青囊序》「水對三叉細認蹤」句下。

《原文》：識得五星城門訣。立宅安墳定吉昌。堪笑庸愚多慕此。妄將卦例定陰陽。

不向龍身觀出脈。又從砂水斷災祥。鈎松寶照真秘訣。父子雖親不肯說。若人得遇是前緣。天下橫行陸地仙。

蔣大鴻(平階)註《傳》：前章既言一卦下穴收山出煞之義。此章又直指城門一訣。楊公此論。真可謂披肝露膽矣。蓋五星之用。其要訣俱在城門。識得城門。而後五星有用。於此作二宅。無不興隆者矣。城門一訣。與龍身出脈。正是一家骨肉。精神貫通。能識城門。乃能觀出脈。能觀出脈。便能識城門。

繼大師註《解》：「到頭一節」為出脈，「城門」為穴前之大局水口，或為墳穴前拜台之人工出水口，卦要合五、合十五、合十、合生成、合陰陽、合零正，卦合一家骨肉。

故笑世人不識此秘。而妄談卦例。從砂水上亂說災祥也。此以下。皆楊公鏤精抉髓之言。得此便是陸地神仙。父子不傳。夫亦師傳之禁戒如是。豈敢違哉。

《原文》：世人只愛週迴好。不知水亂山顛倒。時師但知講八卦。卻把陰陽分兩下。陰山只用陽水朝。陰水只用陽山照。俗夫不識天機妙。自把山龍錯顛倒。胡行亂作害世人。福未到時禍先到。

蔣大鴻（平階）註《傳》：道德不云乎。「常無欲以觀其妙。常有欲以觀其竅。」（此兩句為道德經所說。）此正丹家所謂元關一竅。大道無多。只爭那些子。故曰不離這個。人身有此一竅。天地亦有此一竅。地理家須要識陰陽之竅。今人只愛週迴好。而不知那些子。些子合得天機。週迴不好亦好。些子不合天機。週迴雖好。不合用矣。

陰山陽山。陰水陽水。皆現成名色。處處是死的。惟有那些子是活的。些子一變。陰不是陰。陽不是陽。陰可作陽。陽可作陰。故曰識得五行顛倒顛。便是大羅仙。世人不諳天機。誤將山龍來脈。牽合平陽理氣。執定板格。陰陽反成差錯，乃真顛倒也。本欲造福。反以賈禍。楊公所爲惻然於中。而有是書也。

繼大師註《解》：「合得那些子。」「陰可作陽。陽可作陰。」即是「五行顛倒顛」之法，如要陰陽可互變的話，巒頭山水形勢的變化，會影響審氣上的零正陰陽。此是蔣公傳一老者之「顛顛倒一訣」（見姜垚著《從師隨筆》，見金剛出版有限公司印行，沈竹礽著《沈氏玄空學》下冊第 857 至 858 頁。）因這句說話，後人曲解其意，於是創造出「些子法」，此大謬也。

《原文》：陽若無陰定不成。陰若無陽定不生。陽水陰山相配合。兒孫天府早登名。

蔣大鴻（平階）註《傳》：此節並下節。尤爲全經傾囊倒篋之言。而泛泛讀過。則不覺其妙。蓋舉「平洋龍法、穴法、收山、出煞、八卦干支」之理。一以貫之矣。

孤陽不生。獨陰不育。此雖通論。而大五行秘訣。只此便了。學者須在山水配合上着眼。所謂配合。自然配合。非尋一個陽以配陰。尋一個陰以配陽也。

水卽是陽。山卽是陰。陰卽是山。陽卽是水。故只云陽水陰山。而不更言陰水陽山。知此可讀《寶照經》矣。知此者。亦不必更觀《寶照經》矣。

繼大師註《解》：這段是《寶照經》最精華之處，水流動屬陽，故稱「陽水」，山不動而靜屬陰，故稱「陰山」。巒頭山水之陰陽，配合易卦之陰陽，合則「兒孫天府早登名。」以卦之一家骨肉收山，零神卦收水，煞出則旺氣來。

《原文》：都天大卦總陰陽。玩水觀山有主張。能知山情與水意。配合方可論陰陽。

蔣大鴻（平階）註《傳》：急接上文。都天大卦豈有他哉。總不過陰陽而已。真陰真陽。只在山水上看。而玩水觀山。須胸中別自有主張。此主張非泛泛主張。乃乾坤真消息。所謂天心是也。山情水意四字。

全經之竅妙。今人孰不曰山水有情意。而不知世人所謂情意。非真情意也。識此情意。則是陰陽便成配合。青囊萬卷。盡在個中。嗚呼至矣。

繼大師註《解》：無論陽居或陰墳，「**能知山情與水意。**」就是指穴前或平房村屋門口前方山水之形勢，城市大廈則是單位窗口或窗臺前景的山巒或水勢。這是審氣的功夫，巒頭配合方向，收得零正恰當，則福厚祿厚。

《原文》：都天寶照無人得。逢山踏路尋龍脈。前頭走到五里山。遇著賓主相交接。欲求富貴頃時來。記取筠松真妙訣。

蔣大鴻（平階）註《傳》：上文說到山情水意。都天大卦之理盡矣。此節又讚歎而言。此《都天寶照》。不輕傳世。若有人能得。以此觀山玩水。一到山情水意。賓主相交之處。用楊公訣坐扦之。頃刻之間。造化在手。蓋一片熱腸。深望人之信從。而發此歎也。

繼大師註《**解**》：此節秘密在於「五里山」及「賓主交接」，這是個謎題。註者繼大師解釋如下：

五里山——《易經》〈河圖〉云：「**天一生水。地六成之。地二生火。天七成之。天三生木。地八成之。地四生金。天九成之。天五生土。地十成之。**」

在《青囊經》〈上卷〉首頁。引述〈河圖〉之語：「**一六共宗。二七同道。三八為朋。四九為友。五十同途。**」又曰：「**中五立極。臨制四方。**」

一六、二七、三八、四九，每組數相差五，用於卦象中的變化上；「賓主」有巒頭上的賓主，有卦理上的賓主，關鍵在於數中所變出的一五、二五、三五、四五，與抽爻換象有關，能用者，富貴頃時來。

《原文》：天有三奇地六儀。天有九星地九宮。十二地支天干十。干屬陽兮支屬陰。時師專論這般訣。誤盡閻浮世上人。陰陽動靜如明得。配合生生妙處尋。

蔣大鴻（平階）註《傳》：前篇讚歎已足。終篇又引奇門以比論者。蓋奇門主地。從洛書來。與地理大卦。同出一原。而時師用錯。所以不驗。惟有大五行。是奇門真訣。欲知此訣。只在陰陽一動一靜之間。求其配合生生之妙。則在在有一陰陽。非干是陽。支是陰。如此板格而已。

蓋動靜。即是山情水意。即是城門一訣。即是收山出煞。用一卦法。所謂龍到頭者此也。所謂龍身出脈者此也。所謂龍空氣不空者此也。是名真賓主。是名真夫婦。是名真雌雄。終篇又提出此二字。與上篇第三章「動靜中間求」一語。首尾相應。楊公之旨。抑亦微之顯矣夫。

姜氏曰（姜垚）。中篇一十三節。共一百四十六句。皆申明上篇第二章以下未盡之義。以終平洋龍穴之變。

繼大師註《**解**》：干支，指卦運之陰陽。一三七九為陽，二四六八為陰，此指八卦流行而言。又一二三四為陰，六七八九為陽，此指八卦對待而言。

兩組陰陽之數，分別適用於龍山向水之相配上，龍、向要旺及當元，坐山、水口要衰；「**龍者**」即到頭一節，「**水口者**」即城門，向者有正收及兼收，坐與向為合十夫婦卦，龍與水亦是，即錯卦是也。故謂：「**賓主、雌雄、陰陽、動靜、干支。**」適用於收山出煞。

《都天寶照經中篇完》

#《都天寶照經下篇》唐、楊益（筠松）著——蔣大鴻（平階）註《傳》
張心言補註《疏》——繼大師註《解》

唐、楊益（筠松）著《原文》
蔣大鴻（平階）註及傳《傳》
張心言補註《疏》
繼大師註《解》

《都天寶照經下篇》

蔣大鴻（平階）註《傳》：上下二篇。歷敘山龍平洋正變之旨。自始至終。有本有末。文雖斷續。而義則相蒙。下篇所言。不過前篇餘義。而錯雜言之。無有條貫。每章各論一事。文無承接。義無照應。淺者極淺。深者極深。學者分別觀之可也。

《原文》尋得真龍龍虎飛。水城屈曲抱身歸。前朝旗鼓馬相應。下後離鄉著紫衣。

蔣大鴻（平階）註《傳》：此節專指山龍而言。真龍之穴。龍虎分飛。非其病也。真龍行急。龍虎之相隨亦急。急則兩砂之末。乘勢逆回。有似分飛。昔人指爲曜氣。正真龍靈氣發露之象也。然情既向外。則人事亦應之。主子孫他方發達。謂之離鄉砂也。

《原文》：乙字水纏在穴前。下砂收鎖穴天然。當中九曲來朝穴。悠揚瀦蓄斗量錢。兩畔朝歸穴後歇。定然龍在水中蟠。若有聲為數錢水。催官上馬御階前。

蔣大鴻（平階）註《傳》：自此以下八節。皆平洋水局形體吉凶之辨。此節言曲水纏身之格。歇在穴後。正前篇所謂。後龍空坐正穴也。數錢水。假借爲義。俗而巧。

《原文》：安墳最要看中陽。寬抱明堂水聚囊。出夾結成元字樣。朝來鸞鳳舞呈祥。外陽起眼人皆見。乙字彎身玉帶長。更有內陽坐穴法。神機出處覓仙方。

蔣大鴻（平階）註《傳》：此言堂氣形局之美。至於丙陽坐穴法。正前篇所謂來龍正坐。及城門一卦之訣也。非神機仙術。烏足以語此。

《原文》：水直朝來最不祥。一條直是一條槍。兩條名為插脇水。三條云是三刑傷。四水射來為四煞。八水名為八殺殃。直來反去拖刀煞。徙流客死少年亡。時師只說下砂逆。禍來極速怎堪當。塍圳街路如此樣。（塍音盛 — 田間的小堤。）**亟宜遷改免災殃。**

蔣大鴻（平階）註《傳》：此節極言直來凶格。蓋水神最忌木火。以其有殺氣無元氣也。縱屬來朝。亦有損無益。況諸路交馳。漏風衝洩乎。旺元猶可。衰運無噍類矣。（噍音嚼。「無噍」即無有尚生存之人。）

朱爾謨曰：（謨音模）旺元猶可。是蔣子偏重運處。此等格式。無論衰旺。其煞立應。

繼大師註《解》：此點本人極之認同，巒頭有煞，就算在當元旺運，凶事立應，更何況在煞運。另外若有煞水直沖穴，以廿四山干支量度其方位，以此推算尅應者的生年干支及尅應凶事的年份。

《原文》：前水來朝又攊頭。淫邪凶惡不知羞。乾流自是名繩索。自縊因公敗可憂。

蔣大鴻（平階）註《傳》：此曲水凶格。水神雖以曲爲吉。然曲處須節節整齊。乃合星格。若攊頭斜去。及如繩索樣。或大或小。或疏或密。或正或欹。皆似吉而凶。縱然發福。必有破敗。

《原文》：左邊水反長男死。右邊水射少男亡。水直若然當面射。中男離鄉死道旁。東西南北水射腰。房房橫死絕根苗。貪淫男女風聲惡。曲背駝腰家寂寥。左邊水反長男絕。離鄉忤逆皆因此。右邊水反少男傷。風吹婦女隨人走。當面水反中切當。斷定中男有損傷。左右中反房房絕。切忌墳塋遭此劫。

蔣大鴻（平階）註《傳》：以上數節。雖義淺而辭鄙。然其應甚速。以其切於用也。故存之。惟公位之分。不可盡拘耳。

張心言補註《疏》：左邊之震屬長男。左邊之坎為長男下之仲孫。右邊之艮屬少男。右邊之震為少男下之長孫。中男同例。再以八震八坎八艮所屬宮分支神。合生肖斷之。無有不準。三女仿此。

繼大師註《解》：繼大師註譯馬泰青著《三元地理辨惑白話真解》第三十六問〈房位公位之說〉可供參考。（榮光園有限公司出版76 — 78頁）茲錄如下：

筆者（馬泰青）最初亦用此法考驗多次，均不合法，惟有「孟（大房）在左，仲（二房）在向，季（三房）在右之說法尚且正確，若四子、五子與十子者，均是無一定準確，不得已，隨地考核，日久乃至透徹。

原來是從左往右排去，不拘多少房分，各占一席之位。

後代僅有一房者，穴之四面山巒皆影響之。

墳穴之後代若有兩房者，一房居左方，一房居右方。

有三房者，則如張九儀之說：「孟左。仲向。季右。」

若後代有七房者，左方主長房之尅應，往右方排爲二房、三房，其第四房正在向上，後再覆往右方排爲第五房、六房，其第七房居右之末方。如有九房，則長房居首，九房居末，其第五房正在向上。若有十房，則五房在向之左，六房在向之右，屢試不爽。

《原文》：一水裹頭名斷城。下之雖發未為榮。兒孫久後房房絕。水到砂收反主興。

蔣大鴻（平階）註《傳》：平洋穴取近水。三方皆可逼窄。惟穴前明堂。須寬容不迫。展舒穴氣。若一水裹頭。穴無餘氣。雖環抱亦不發。若面前另一枝水到。則又以接水呈秀。其逼窄之氣。有所發洩。反不爲凶爾。

《原文》：茶槽之水實堪憂。莫作蔭龍一例求。穴前太逼割唇腳。不見榮兮反見愁。

蔣大鴻（平階）註《傳》：穴前池塘。水聚天心。名蔭龍水。本爲吉局。若硬直深坑。形似茶槽。既非佳格。或明堂寬曠。猶未見凶。更加急葬。穴氣太逼。則有凶無吉矣。同一穴前池水。形局軟硬。立穴緩急。其應不同。不可不深辨也。

《原文》：玄武擺頭有多般。未可慳然執一端。或斜或側或正出。須憑直節對堂安。擺頭直出是分龍。須審何家龍脈蹤。大山出脈分三訣。未許專將一路窮。

蔣大鴻（平階）註《傳》：元武水來。本合後空活龍之格。宜爲正坐之穴矣。然亦須詳其來法。以辨純雜定吉凶。未可執一也。蓋水有偏出正出不同。惟直節對堂安。乃是真元武水。

若擺頭曲來。而又直出前去。一曲一直之間。龍脈不一。是謂分龍。不必分兩道而後謂之分龍也。須察其曲來是何脈。直去是何脈。細細推詳。而後可定其何家蹤跡。以便下卦。

若是水大。則不止一宮之氣。正坐是一脈。偏左又是一脈。偏右又是一脈。故云分三訣也。論坐後之脈。精詳曲當。搜剔無遺。乃至於此。可謂明察秋毫者耶。

張心言補註《疏》：崔止齋曰：曲來何脈。看水神曲處。屬何卦路。直去何脈。看水神直處屬何卦路。正坐一脈。正坐一卦也。偏左一脈。偏左又一卦也。偏右一脈。偏右又一卦也。然非一水有五卦可收。五穴可下也。合他水與龍神。細細推詳。而天然穴法既得。天然之水法自見矣。

繼大師註《解》：水流一曲一直之間，配合流神之卦理，就如同山崗龍來脈到頭數節之方向，加上方位，吉凶自顯。蔣氏已透露不少，如「若是水大。則不止一宮之氣。正坐是一脈。偏左又是一脈。偏右又是一脈。故云分三訣也。」崔氏亦已解釋詳盡，此乃水法之精華，細閱上文，反覆推敲，日久自明。

《原文》：家家墳宅後高懸。太陽不照太陰偏。必主其家多寂寞。男孤女寡實堪憐。

蔣大鴻（平階）註《傳》：此即後空之義。因世人都喜後高。故復叮嚀如此。人但知後高爲有坐托。不知其掩蔽陽光。而偏照陰氣。生機斬絕。人口伶仃。故有孤寡之應也。可不戒與。

予觀人家穴後。有挑築兩三重照山。以補後托。未有不大損人丁。甚至敗絕無後者。利害攸關。特爲指出。

此節單言平洋格法。若是山龍之穴。又以後高爲太陽正照而吉。後空爲失陷而凶。讀者莫錯會也。

張心言補註《疏》：山之害。不若是甚也。惟穴後逼近。有生成硬直高地。必致敗絕無疑。

姜氏曰（姜垚）。首節言山龍。後八節言平洋。皆形局也。

《原文》：貪武輔弼巨門龍。方可登山細認蹤。水去山朝皆有地。不離五吉在其中。

蔣大鴻（平階）註《傳》：此節及下文九星。皆指形局而言。蓋見其星體合吉。方登山而定其方位。若形局方位皆吉。即水去亦吉。今人動云。第一莫下去水地。謬矣。朱爾謨曰：若平洋下去水地。極宜審慎。

繼大師註《解》：「**莫下去水地**」指巒頭水法而言，若能配合卦理則吉，水出煞方則旺氣入穴。若錯配旺方，則為水出旺方而煞氣入穴矣，巒頭要配合理氣，是為水法之精華。

《原文》：破祿廉文凶惡龍。世人墳宅莫相逢。若然誤作陰陽宅。縱有奇峰到底凶。

蔣大鴻（平階）註《傳》：此二節。專言平洋九星水法。

《原文》：本山來龍立本向。返吟伏吟禍難當。自縊離鄉蛇虎害。作賊充軍上法場。明得三星五吉向。轉禍為祥大吉昌。

張心言補註《疏》：此節龍字不兼水論。不然坤☷龍乾☰水。坤乾均不立向。就四正而論。僅立坎☵離☲二向。就老少而論。僅立艮☶兑☱二向。可乎宜與通變諸格。參看為是。

繼大師註《解》：龍山向水同一組卦內，各有四種組合，以「乾☰坤☷艮☶兑☱」為例。

（一）乾☰龍，坤☷水，配兑☱山，艮☶向。

（二）坤☷龍，乾☰水，配艮☶山，兑☱向。

（三）艮☶龍，兌☱水，配坤☷山，乾☰向。

（四）兌☱龍，艮☶水，配乾☰山，坤☷向。

是一運貪狼父母卦之組合。若非大地，不能有此大局。本山之來龍向度，不能與穴之向度相同，否則犯「返吟、伏吟」則禍難當矣。

蔣大鴻（平階）註《傳》：本山本向。非子龍子向。丑龍丑向。倒騎龍之謂也。蓋指八卦納甲而言。

張心言補註《疏》：如乾☰為本卦。則七乾卦皆為納甲。餘仿此。

繼大師註《解》：張氏已經盡洩天機矣，卦之納甲，不同廿四山干支之納甲，三元盤之天盤內八個卦，就是納甲之一種，地盤八卦，亦復如是。若乾卦☰來龍，穴立坤卦☷向，就是向犯「返吟」，坐山犯「伏吟」。

蔣大鴻（平階）註《傳》：山龍有納甲本卦向法。皆淨陰淨陽。其在平洋向法。反不拘淨陰淨陽。而以本卦納甲干支。

張心言補註《疏》：一說納甲似專指天干。而又曰干支者。蓋乾卦䷀六爻。即「甲子、甲寅、甲申、壬午、壬申、壬戌」六干支是也。自下排上。以斷生肖年份。讀「乾䷀金甲子外壬午」等訣自明。

一說如乾䷀姤䷫納甲午、乙未。訟䷅納甲申、乙酉。遯䷠納甲戌、乙亥。各就方位所近。類推生肖斷之。按後一說極有準驗。

蔣大鴻（平階）註《傳》：位位作返吟伏吟。凶不可當。三星與五吉不同。三星言龍體。五吉言卦氣。消詳龍體於卦氣之中。自有天然向法。可不犯本宮。而災變為祥矣。

繼大師註《解》：若天地否䷋來龍，山地剝䷖坐山，澤天夬䷪向度，地天泰卦䷊出水口，則龍山之否䷋剝䷖二卦，不作犯伏吟，向不作犯返伏論。

此卦例為香港十大名穴鄧氏三世祖鄧日旭先生祖墳，由其子四世祖鄧符協所點。原則上，來龍向度不可與穴之坐向相同，此謂之：「**本山來龍立本向。返吟伏吟禍難當。**」

《原文》：龍真穴正誤立向。陰陽差錯悔吝生。幾為奔走赴朝廷。纔到朝廷帝怒形。緣師不曉龍何向。墳頭下了剝官星。

蔣大鴻（平階）註《傳》：此言龍穴雖真。而誤立本宮之向。陰陽不和。至於剝官也。蓋地理雖以龍穴為重。發與不發。專由龍穴而立向坐宮。又穴中迎神引氣之主宰。

此處不清潔。如玉之瑕。不成美器矣。致廣大而盡精微。又何可不詳審也耶。此所謂向非以山向五行起長生為消納也。亦非小元空生出剋出、生入剋入之說。學者慎之。

姜氏曰（姜垚）。以上四節。皆言平洋理氣之用。

《原文》：尋龍過氣尋三節。父母宗枝要分別。孟山須要孟山連。仲山須要仲山接。干奇支偶細推詳。（原文耦，同偶。）

張心言補註《疏》：奇指生數四卦。偶指成數四卦。

繼大師註《解》：這裡說一三七九運生數為干，二四六八運成數為支。

《原文》：節節照定何脈良。若是陽差與陰錯。縱吉星辰發不長。一節吉龍一代發。如逢雜亂便參商。

蔣大鴻（平階）註《傳》：此等卦理。中上二篇。論之已詳。反覆叮嚀。致其深切之意。又指明發福世代久暫之應。全在龍脈節數長短。故父母宗支要分別也。

繼大師註《解》：此節再提出「干奇支偶」。干奇數為一三七九，支偶為二四六八，龍穴到頭三節要同干支，皆指卦宮及卦運，不可雜亂。「參、商」指參星、商星，此二星一東一西，不能相見，比喻永不見福祿。

原文：先識龍脈認祖宗。蜂腰鶴膝是真蹤。要知吉地行龍止。兩水相交夾一龍。夫婦同行脈路明。須認劉郎別處尋。平洋大水收小水。不用砂關發福久。水口石似人物形。定出擎天調鼎臣。

蔣大鴻（平階）註《傳》：此節兼論山龍平洋。言山龍真脈。則取蜂腰鶴膝為過峽。而平洋則不然。只取兩水相交為來龍行脈。不在過峽上看脈也。但須脈上推求。

識干支純雜。夫婦配合之理。如此宮不合。又當别求他宮。不可牽強誤下。故云劉郎别處尋。且山龍取砂為關。而平洋不用砂關。只要大水行龍。收入小水結穴。有此小水。引動龍神。千流萬脈。其精液皆注歸小水。以蔭穴氣。

張心言補註《疏》：此節可移。註《青囊序》「水交三八要相過」句下。

蔣大鴻（平階）註《傳》：此平洋下穴祕旨。一語道破。混沌之竅鑿矣。觀此則知所謂兩水相交。非謂左右兩水會穴前。而龍從中出。謂之行龍也。正謂大水與小水相交之處。乃真龍之行。真穴之止也。

既有此小水。收盡源頭。又何慮砂水之為我用與否。豈砂之攔阻能強之者耶。人且不可強。而況于水。若水口捍門。此山龍大地。雄峙一方之勢。

蓋將山比擬。楊公祕慎之旨。互文隱意。雖若並陳。大旨偏重平洋。而以山龍相映發。以辨其不同途爾。貴學者言外會心。若不知剖析。而視為一合之說。將雜亂而無緒矣。

繼大師註《解》：「夫婦同行脈路明。」即來龍脈氣到頭三節要共路之夫婦卦。「劉郎」指東漢人劉晨入天台山採藥迷路。遇到美麗仙女。後娶為妻。過了十多天。劉晨思鄉要回家。仙女苦留。半年後劉晨出山。回家後。地貌全變。衆人全不認識。一打聽。才知道已經過了七世。後來劉晨再上天台山尋仙女。卻惘然無所遇。此處之「劉郎」指。要認得來脈。格其向度。配合穴向。不要出卦。

《原文》：龍若直來不帶關。支兼干出是福山。立得吉向無差誤。催祿催官指日間。

蔣大鴻（平階）註《傳》：此亦上下二篇所已詳。蓋以四正爲例。而其餘自在言外。非位位取地支也。

《原文》：乾坤艮巽脈過凹。節節同行不混淆。向對甲庚壬丙水。兒孫列士更分茅。

繼大師註《解》：周代「列士」為「上士、中士、下士」之統稱，即有名望的人。

仲山過脈不帶關。三節山水同到前。斷定三代出官貴。古人準驗無虛言。

蔣大鴻（平階）註《傳》：此則單指四隅龍格。反取干神。並不言及辰戌丑未。則其非專重地支可知矣。脈是丙氣。而向對之水是外氣。兩不相妨也。楊公辨龍審卦之妙。口口說重地支。而本旨實非重地支。世人被他瞞過多矣。豈知一隻眼逗漏於此節。學者其毋忽哉。

繼大師註《解》：來龍「乾坤艮巽」為四隅位，配「甲庚壬丙」向，如來龍為乾山兼戌，地山謙卦䷎，坐山為壬兼子，山地剝卦䷖，向上為丙兼午，澤天夬卦䷪，水口巽兼辰，天澤履卦䷉。龍與山及向與水為覆卦關係，配合得非常恰當。

來龍要旺，穴前收零神水，山崗龍以旺為旺；上元收一二三四，下元收六七八九。如前方收水，上元則向要收六七八九，下元則向要收一二三四。若是平洋龍法。收取來龍。剛好與山崗龍相反。平洋來龍要收衰。以衰為旺。平洋地上元龍收六七八九。下元龍收一二三四。

《原文》：發龍多向支神取。若是干神又不同。支若載干為夫婦。干若帶支是鬼龍。

張心言補註《疏》：註明「乙辛丁癸單行脈」句下。

繼大師註《解》：所謂干支者，六十四卦之卦數配合零正元運，合洛書數者為夫婦，不合者為鬼龍。細察來龍是何卦，有上元、下元、上元兼下元、下元兼上元，來龍在交界處為煞龍，則不可兼其他元運。

「單行」是指來龍在一卦之內而來。清楚顯示是上元或下元之龍，非兼其他元運，這必須能懂得尋龍點穴，更能認取來龍到頭一節，否則只懂卦理，不懂巒頭，亦是枉然。

《原文》：子癸為吉壬子凶。

張心言補註《疏》：如宜收震宮☳。子癸龍而誤作坤宮☷。壬子龍收之則吉變為凶矣。

繼大師註《解》：「子、癸」為震宮☳之「復䷗、頤䷚、屯䷂、益䷩」，「壬、子」為坤宮☷之「觀䷓、比䷇、剝䷖、坤䷁」；震宮☳屬八，坤宮☷屬一，數不合，若錯收則吉變凶。

《原文》：三字真假在其中。

張心言補註《疏》：申明上句吉凶二字。可真可假。宜活看。不是死句。倘壬子為吉。則子癸凶矣。即「**子字出脈。子字尋。**」之意。

《原文》：乾坤艮巽天然穴。水來當面是真龍。

張心言補註《疏》：是書精意在奧語、天玉二卷。然本旨每含而不露。至寶照一卷。尤為切近搜剔之。書卷末。獨揭此二語。十分暢快。十分顯露。蓋上文俱借干支論卦理。其本旨幾欲吐之。幾復咽之。作者喉舌間。亦定多不快。

惟乾坤艮巽四字。六十四卦有之。三合盤亦有之。更不必轉借干支名相。一瀉其會中欲言不言之旨。何其快哉。而閱者在暗中摸索多時。亦忽如夜行得燈。更盡見日。庶可深信不疑矣。

「**水來當面是真龍**」。則直舉陰陽對待。雌雄交媾之理。一語道盡。蔣傳「**石破天驚。鬼當夜哭。**」八字。可作當頭棒喝。推傳家本意。何嘗過秘其說。誠欲使人從此悟入。人自不深求之耳。

《原文》：要識真龍結真穴。只在龍脈兩三節。三節不亂是真龍。有穴定然奇妙絕。千金難買此元文。福緣遇者毋輕洩。依圖立向不差分。榮華富貴無休歇。時師不明勉強扦。雖發不久即敗絕。

蔣大鴻（平階）註《傳》：發龍多取支神。此乃用支之卦也。干神不曰無取。而乃曰「若是干神又不同。」明明有用干之時。而特與用支者不同爾。干帶支爲鬼龍。只就「子癸、壬子」一宮爲例。其真其假。三字之中。迥然差別。

何以乾坤艮巽。獨名天然穴。蓋直以乾坤艮巽爲龍。不更轉尋名相。故曰天然。若他龍則干支卦位。非一名矣。「水來當面是真龍。」此語石破天驚。鬼當夜哭。蓋乾坤艮巽之穴。又與取支惡干者不同。

觀此則寶照之訣。實非單重支神。洞然明白矣。至於格龍之法。止要兩三節不差錯。則卦氣已全。不必更求於四五節之外。恐人拘泥太過。遇著好龍。當面錯過。所以發此。

非楊公遷就之說也。但此兩三節。定要清純。若到頭節數。略有勉強。不能無誤。又戒作者須其難其慎也。

《原文》：一個星辰一節龍。龍來長短定枯榮。孟仲季山無雜亂。數產人龍上九重。節數多時富貴久。一代風光一節龍。

蔣大鴻（平階）註《傳》：此亦論平洋龍神節數。以定世代近遠之應。總在行度之純雜上斷也。

姜氏曰：以上六節旨言平洋大五行之法。蓋中上二篇所已明。而反覆互見者也。

徐藍衣曰：古書四卷。可作一卷。讀《青囊經》具綱領。論陰陽五行八卦之氣。寓之於地。來之自天。曾序奧語分條目。論陰陽五行八卦之氣。方位既定。衰旺斯判。天玉、寶照互相發明。

《天玉經》大處落墨（脈）。發明剪裁通變諸法之意多。《寶照經》近處搜剔。發明收山出煞諸訣之意盡。編書次第。亦宜細玩。凡龍之去衰就旺。配合有情。是為收山。水之避旺就衰。去來合法。是為出詻。（詻音壓－直言爭辯之意。）須於言外意會得之。

繼大師註《解》：龍穴發旺之長短，須看其來脈節數，古云：「一代明堂二代穴。三代來龍節節高。」若能配合卦理，則發福悠久，故說：「千里來龍結帝皇之穴。」

《都天寶照經下篇完》

（十五）《平砂玉尺辨偽》蔣大鴻著 — 張心言補註《疏》繼大師註《解》

《辨偽總論》— 蔣大鴻

《原文》：地理多僞書。平砂玉尺者。僞之尤者也。或曰是書也。以世目視之儼然經也。子獨辨其僞何居。曰惟世皆以爲經也。余用是不能無辨。今之術家守之爲金科玉律。如蕭何之定漢法。

苟出乎此。不得爲地理之正道。術士非此不克行。主家非此不敢信。父以教其子。師以傳其弟。果能識此。即可以自號於人。曰堪輿家延之上座。操人身家禍福之柄而不讓。拜人酒食金帛之賜而無慚。

是以當世江湖之客。寶此書爲衣食之利器。譬農之耒耜。（耒耜音李此 — 古代耕地用的農具。）工之斧斤。其於謀生之策。可操券而得也。有朝開卷而成誦暮。挾南車以行術者矣。豈知其足以禍世。如是之酷哉。知其禍世而不辨。余其無人心者哉。或曰是書之來也遠矣。干又安知其爲僞也。乃從而辨之曰。我亦辨之以理而矣。

或曰亦一理也。彼亦一理也。安知子之理是。而彼之理非。與曰余邀惠於先之賢哲。而授余以黃石青烏、楊公幕講之祕要。竊自謂於地理之道。得之真而見之確矣。故於古今以來。所謂地理之書。無所不畢覽。

凡書之合於祕要者爲真。不合祕要者爲僞。而此書不合之尤者也。既得先賢之祕要。又嘗近自三吳兩浙。遠之齊魯。豫章八閩之墟。縱觀近代名家墓宅。以及先世帝王聖賢陵墓古蹟。考其離合。正其是非。凡理之取驗者爲真。無所取驗者爲僞。而此書不驗之尤者也。故敢斷其僞也。

蓋以黃石、青烏、楊公、幕講斷之。以名家墓宅先世古蹟斷之。非余敢以私見臆斷之也。或曰。然則秉忠之譔。伯溫之註。非與曰此其所以爲僞也。

夫地理者裁成天地之道。輔相天地之宜。以經邦定國。禍福斯民者也。三代以上明君哲相。無不知之。

世道下衰。其說隱祕而寄之乎山澤之癯。（癯音渠－肉之精者。卽瘦肉）逃名避世之士。智者得之。嘗以輔翼興王。扶持景運而其說之至者。不敢顯然以告世也。

文成公之事太祖。（指劉伯温輔助朱元璋）其最著者矣。及其沒也。盡舉生平所用。天文地理數學之書。進之內府。從無片言隻字存於家而教其子孫。況肯著書立說。以傳當世耶。

故凡世本之稱青田者。皆僞也。均之佐命之英。知青田則知秉忠矣。或曰。何是書之文辭。井井乎。若有可觀者也。曰其辭近是。其理則非。

張心言補註《疏》：是先生不得不辨處。

《原文》：蓋亦世之通人而不知地理者。以意爲之而傳會其說。託之乎二公者也。余特指其謬而一一辨之。將以救天下之溺於其說者。

繼大師註《解》：有署名劉秉忠著《平砂玉尺經》一書，明末清初時盛行於世，為三合家所尊崇。蔣氏得無極子真傳，深知用卦之秘奧，知此是偽經，故註《地理辨正注》一書，以辨真偽。此篇《辨偽總論》說時師利用風水謀生，熟讀此經，則可行走江湖，使衣食無憂，並引述自己得風水真訣後，至大江南北，考証皇陵社稷，名家墓宅，無不應驗，且極力辨斥此經之偽。

「文成公之事太祖」指明朝國師劉基（1311 年至 1375 年），字伯溫，浙江省青田縣（今文成縣）人，故又名劉青田、劉文成，祖籍陝西保安（志丹）南宋抗金將領劉光世的後人，他是元末明初軍事家、政治家、文學家及詩人，通經史，曉天文，精兵法及風水。

他輔助明太祖朱元璋完成帝業，並保持國家安定，因而馳名天下，被後人比作為諸葛武侯，授資善大夫、上護軍，封誠意伯。明武宗朱厚照（正德皇）時追贈太師，謚文成，並著《燒餅歌》、《金陵塔碑文》和《救劫碑文》又名《陝西太白山劉伯溫碑記》。

《本篇完》

《辨順水行龍》蔣大鴻著 — 張心言補註《疏》— 繼大師註《解》

《原文》：山龍之脈與平壤龍脈。皆因水以驗其脈之動靜。而皆不即水以驗其脈之去來。今先言山龍。夫山剛質也。水柔質也。山之孔竅。而水出焉。故兩山之間。必有一水。山窪下之地。即水流行之道。水隨山而行。非山隨水而行也。

山之高者。脈所從起。山之卑者。脈所從止。山自高而卑。故水亦從之。自高而卑。此一定之理也。往往大溪大澗之旁。小幹龍所憩焉。大江大河之側。大幹龍所休焉。蓋來山之衆支聚於此。故來水之衆脈亦聚乎此也。

然據水之順逆。論脈之行止。但可就其大概而言爾。若必謂水於此界。脈即於此斷。水向左流。脈必不向右行。則不可也。

夫龍脈之起伏轉折。千變而不窮。有從小江、小湖、崩洪而過者矣。有從大江大湖。越數十百里。不知其蹤跡端倪而過者矣。有收本身元辰小水。逆行數里而結者矣。

張心言補註《疏》：記清上文先言山龍四字。若平洋斷無逆元辰小水行數里之理。

《原文》：有向大幹。水逆奔數百里而結者矣。龍之真者。水愈斷而其過脈愈奇。勢愈逆而其骨力愈壯。

張心言補註《疏》：放開眼界。方識大地。

《原文》：豈一水之橫流。可遏之使斷。牽之使前乎。今《玉尺》云：「順水直衝而逆回結穴。方知體段之真。」若逆水直衝而合襟在後。斷是虛花之地。

張心言補註《疏》：順水一局乃盡結地。所謂：「砂走水走。地在水口」是也。逆水一局乃初結地。所謂：「砂回水回。地在源頭」是也。《玉尺》識行盡結。不識初結。

《原文》：衆水趨歸東北。而「坤、申」之氣施生。羣流來向「巽、辰」。而「乾、亥」之龍毓秀。「甲、卯」成胎。不食「酉、辛」之氣。「午、丁」生意。豈乘「坎、癸」之靈。據此而言。是天下必無逆水之龍也。或曰。子所言者。山龍也。《玉尺》

所言。平壤也。故其言曰。乾游曠野。鋪氈細認交襟。極隴平披。月角詳看住結。

張心言補註《疏》：曠野認交襟乃是合處尋穴。平坡詳月角。乃是土角流金。

《原文》：山龍有脈可據。故有逆水之穴。平壤無脈可尋。止就流神之去來。認氣之行止。豈與山之過峽起伏同年而語乎。子生平專分山水二龍。以正告天下。何又執此論也。

解之曰。平壤固純。以流神辨氣。與山之脈峽不同。至以水之來去。為氣之行止。則我不取我。以為「酉、辛」水到。則「甲、卯」之胎愈真。「癸坎」流來。則「午、丁」之靈益顯。

張心言補註《疏》：《玉尺》論小地行龍。先生論大地到頭。閱者心中目中。當別有理會。

《原文》：「坤、申」生氣。衆水必無東北之趨。「乾、亥」成龍。羣流必無「巽、辰」之向。張心言補註《疏》：「江南龍來江北望。客在西兮主在東。」……「山與水相對。……水來當面是真龍。」

《原文》：由此而言。《玉尺》不但於山龍特行特結之妙。茫然未知。且於平壤雌雄交媾之機。大相背謬。至其統論三大幹龍。而以爲北幹。乃崑崙之「丑、艮」出脈。而龍皆「坤、申」。南幹乃崑崙之「巽、辰」出脈。而龍皆「乾、亥」。中條乃崑崙之「寅、甲、卯、乙」出脈。而龍皆「庚、辛」。

註者遂實其辭曰。北幹無「離、巽、艮、震」穴。中幹無「震、巽、艮」穴。建康只有「南離」。臨安只有「坤兌」。八閩只有「坤、申」。固哉。《玉尺》之言龍也。

夫舉天下之大勢。大抵自兌之震。自乾之巽。自坤之艮者。地勢之從高而下然也。至於龍之剝換傳變。豈拘一方。真脈性喜逆行。大地每多朝祖。若執此書順水直衝之說。遇上格大地。反以爲不合理氣而棄之。而專取傾瀉奔流。蕩然無氣之地。誤認爲真結而葬之。其貽害於人。焉有限量。余故不得已。叮嚀反覆以辨之也。

朱爾謨曰：有水隨山而行者。亦有山隨水而行者。先賢所謂氣能生水。而積水亦能生氣。是以《天玉》、《青囊》有取乎水中之陽也。蔣子泥山竅出水之說。何以解海中諸山。

繼大師註《**解**》：此篇《辨順水行龍》，是針對《平砂玉尺經》內之說，以平洋水龍為主，《玉尺經》只說順水一局之龍，屬盡結之穴，而蔣氏兼說逆水一局之龍，屬初結之穴。

平洋龍與山崗龍不同，蔣氏說山龍有脈可尋，作為依據，而有逆水之穴；平洋龍以水流為脈，以水流之彎環、屈曲、兜抱為主，從地勢之高低起伏，以決水流之來去，其方向及方位均是非常重要，此所謂之「流神」，兩者配合而點取吉穴。

《本篇完》

《辨貴陰賤陽》 蔣大鴻著 — 張心言補註《疏》— 繼大師註《解》

《原文》：易曰。立天之道。曰陰與陽。惟此二氣。體無不具。用無不包。是二者不可偏廢。故曰獨陽不生。獨陰不長。是二者未嘗相離。

故曰陽根於陰。陰根於陽。捨陽而言陰者。非陰也。捨陰而言陽者。非陽也。

聖人作易。必扶陽抑陰者。何也。曰道一而已。故曰乾分而爲二。而名之曰坤。以兩儀之對待者言。曰陰陽。

以一元之渾然者言。惟陽而已。言陽。而陰在其中矣。而就人事言。則陽爲君子。陰爲小人。

內君子外小人爲泰䷊。內小人外君子爲否䷋。由此言之。陽與陰不可分也。苟其分之。則貴陽賤陰。如聖人之作易可也。若貴陰賤陽。是背乎聖人作易之旨。而亂天地之正道也。

《玉尺》乃以「艮☶、巽☴、震☳、兌☱」四卦爲陰之旺相而貴之。以「乾☰、坤☷、坎☵、離☲」四卦爲陽之孤虛而賤之。即以納甲八干十二支。「丙」納於「艮」。「辛」納於「巽」。「庚」納於「震」而「亥、卯、未」從之。「丁」納於「兌」而「巳、酉、丑」從之。

十者皆謂之陰而貴。以「甲」納「乾」。以「乙」納「坤」。以「癸」納「坎」而「子、申、辰」從之。以「壬」納「離」而「午、寅、戌」從之。十者皆謂之陽而賤。

於是當世之言地理者。不論地之真僞若何。凡見陰龍陰水陰向。則概謂之吉。而見陽龍陽水陽向。則概謂之凶。此乖謬之甚者也。

夫吉凶之理。莫著於易。易六十四卦。各有其吉。各有其凶。

張心言補註《疏》：十二字為全部眉目。（易六十四卦。各有其吉。各有其凶。）

繼大師註《解》：蔣氏註《地理辨正注》，終日說廿四山八卦，未曾清楚說明是用易卦，現於此段《辨貴陰賤陽》始說出易之六十四卦各有吉凶，可見他對三元易盤六十四卦理氣甚為守秘。

《原文》：八卦。六十四卦之父母也。豈有四卦純吉。四卦純凶之理。八干十二支亦然。吾謂論地。止論其是地非地。不當論其屬何卦體。屬何干支。若果龍真穴的。水神環抱。坐向得宜。雖陽亦吉也。若龍非真來。穴非真結。砂飛水背。坐向偏斜。雖陰亦凶也。

又拘所謂三吉六秀。而以爲出於天星。考之天官家言。紫微垣在中國之「壬、亥」方。而太微垣在「丙、午」方。天市垣在「寅、艮」方。且周天二十八宿分佈十二宮。皆能爲福。皆能爲災。

地之二十四干支。上應列宿。亦猶是也。何以在此爲吉。在彼爲凶。此與天星之理。全乎不合。至謂乾坤老亢。「辰、戌」爲魁罡。「丑、未」爲暗金煞。種種悖理。

夫乾坤乃諸卦之父母。六子皆其所產。何得爲凶。老嫩之辨在於龍。龍之出身嫩。即「乾、坤」亦嫩也。龍之出身老。即「巽、辛、兌、丁」亦老也。斗之戴匡爲魁。斗柄所指爲天罡。

張心言補註《疏》：斗杓所指。即為本運。散見諸卷。

《原文》：此樞幹四時。斟酌元氣。造化之大柄也。理數家以爲天罡所指。衆煞潛形。何吉如之。而反以爲凶耶。五行皆天地之經緯。何獨忌四金。且「庚、酉、辛」金之最堅剛者也。既不害其爲吉。而獨忌四隅之暗金。甚無謂矣。

諸如此類。管、郭、楊、賴（管輅、郭璞、楊筠松、賴布衣）從無明文。不知妄作。流毒天下。始作俑者其無後乎。我不禁臨文而三歎也。

崔止齋曰：我不知先有是說。而《玉尺》附會之耶。抑《玉尺》首倡是說。而後人尊奉之耶。

繼大師註《解》：所謂：「**乾坤乃諸卦之父母。六子皆其所產。**」繼大師解釋如下：

單以三爻卦之乾☰坤☷兩卦為例，以卦運來說，乾☰九變初爻為巽☴二，變二爻為離☲三，變三爻為兌☱四。故此乾☰九之運生出二、三、四運之子息卦。（巽☴、離☲、兌☱爲月窟。）

坤☷一變初爻為震☳八，變二爻為坎☵七，變三爻為艮☶六，故此坤☷一之運生出六、七、八運之子息卦。（艮☶、坎☵、震☳爲天根。）

以六爻卦來說，一運貪狼乾䷀卦、坤䷁卦及其餘六卦，各自變六爻而成六個子息卦，共四十八局，分順子局及逆息局。

然而乾䷀坤䷁兩卦交媾而產生地天泰卦䷊及天地否卦䷋，其餘「震䷲巽䷸」、「坎䷜離䷝」、「艮䷳兌䷹」交媾而產生「益䷩、恒䷟、既濟䷾、未濟䷿、損䷨、咸䷞」，連「泰䷊、否䷋」兩卦，共八個九運父母卦。

乾卦䷀排在首位而在午位，坤卦䷁排在最後為子位，統攝六十四卦，乾䷀坤䷁兩卦為父母，生出泰卦䷊及否卦䷋為子息。

泰卦䷊及否卦䷋各自變出六個子息，如泰卦䷊變初爻為升卦䷭，否卦䷋變初爻為無妄卦䷘；這樣乾䷀坤䷁兩卦為公，泰卦䷊及否卦䷋為父母，升卦䷭及無妄卦䷘為孫，是為「**父母子息公孫卦**」，一家骨肉也。

如《天玉經》〈內傳上〉謂：「**父母排來到子息。須去認生尅。水上排龍上點位分，兄弟更子孫。**」

《本篇完》

《辨龍五行所屬》蔣大鴻著 ——張心言補註《疏》—— 繼大師註《解》

《原文》：盈天地間止有八卦。先天之位。曰乾坤定位。山澤通氣。風雷相薄。水火不相射。八卦總之陰陽而已。山陽澤陰。雷陽風陰。水陽火陰。皆兩儀對待之象。對待之中。化機出焉。所謂元牝之門。是為天地根。一陰一陽之謂道。

八卦者。天地之體。五行者。天地之用。當其為體之時。未可以用言也。故坎雖為水。此先天之水。不可以有形之水言也。離雖為火。此先天之火。不可以有形之火言也。故艮為山而不可以土言也。兌為澤而不可以金言也。震巽為風雷而不可以木言也。故以八卦屬五行而論龍之所屬者。皆非也。

若論後天方位八卦。而以坎位北而為水。以離位南而為火。以震位東而為木。以兌位西而為金。似矣。四隅皆土也。又何以巽木乾金不隨四季而隨春秋耶。此八卦五行之一謬也。及論二十四龍則又造為三合之說。復附會之以雙山。更屬支離牽強而全無憑據。

夫既以東南西北爲四正五行。則「巳、丙、丁」皆從離以爲火。「亥、壬、癸」皆從坎而爲水。「寅、甲、乙」皆從震而爲木。「申、庚、辛」皆從兌而爲金。「辰、戌、丑、未」皆從四隅以爲土。猶之可也。今又以「子」合「申、辰」而爲水。並其鄰之「坤、壬、乙」亦化爲水。以「午」合「寅、戌」而爲火。並其鄰之「艮、丙、辛」亦化爲火。以「卯」合「亥、未」而爲木。並其鄰之「乾、甲、丁」亦化爲木。以「酉」合「巳、丑」而爲金。並其鄰之「巽、庚、癸」亦化爲金。

論八卦則卦爻錯亂。論四令則方位顛倒。此三合雙山之再謬也。所謂多岐亡羊。朝令夕改。自相矛盾。不特悖於理義。亦不通於辭說者矣。又以龍脈之左旋右旋。而分五行之陰陽。曰「亥」龍自「甲卯乙、丑艮寅、壬子癸」方來者爲陽木龍。「亥」龍自「未坤申、庚酉辛、戌乾」方來者爲陰木龍。其餘無不皆然。謬之謬者也。

又以龍之所屬而起「長生、沐浴、冠帶、臨官、帝旺、衰、病、死、墓、絶、胎、養。」又以龍順逆之陰陽分起長生。曰陽木屬「甲」。長生在「亥」。旺於「卯」。墓於「未」。陰木屬「乙」。長生在「午」。旺於「寅」。墓於「戌」。其餘無不皆然。舉世若狂。以爲定理。真可哀痛。

夫五行者。陰陽。二氣之精華。散於萬象。周流六虛。盈天地之內。無處不有五行之氣。無物不具五行之體。今以龍而言。則直者爲木。圓者爲金。曲者爲水。銳者爲火。方者爲土。又窮五行之變體。而曰貪狼木。巨門土。祿存土。文曲水。廉貞火。武曲金。破軍金。左輔土。右弼金。五行之變盡矣。此楊曾諸先覺。明目張膽。以告後人者也。

夫此九星五行者。或爲起祖之星。或爲傳變之星。或爲結穴之星。或爲夾從輔佐之星。或兼二。或兼三。或兼四。甚而五星傳變。則地大不可名言。此以見五行者變化之物。未有單取一行不變。以爲用者也。今不於龍體求五行之變化。而但執方位論五行之名字。是使天地之生機不變不化。取其一。盡廢其四矣。

張心言補註《疏》：每宮之中。五行全備。排定東方木。西方金。是廢其四矣。

《原文》：又從方位之左右旋。分五行之陰陽。是使一氣之流行。左支右絀得其半。並未全其一矣。試以物產言之。隨地皆生五材。若曰南方火地無大水。北方水地不火食。西方金地不產名材。東方木地不產良金。有是理乎。

試以稟性言之。盡人皆具五德。若曰東方之人皆無義。西方之人皆無仁。北方之人皆無禮。南方之人皆無智。有是理乎。且不獨觀四時之流行乎。春氣一嘘。而萬物皆生。不特東南生。而西北無不盡生。秋氣一肅。而萬物皆落。不特西北落。而東南無不盡落。是生殺之氣。不可以方隅限也。又不觀五材之利用乎。

棟樑之木。遇斧斤以成材。入冶之金。須鍛煉而成器。大塊非耒耜不能耕耘。（耒耜音淚字。古代翻土農具。）清泉非爨燎不能飲食。（爨燎音村寥。以火煮食用的爐灶。）道家者流。神而明之。故有水火交媾。金木合并（并同併）之義。以爲大丹作用。即大易「既濟䷾、歸妹䷵」之象也。故曰：「識得五行顛倒顛。便是大羅仙。」

張心言補註《疏》：此處又明指「既濟䷾、歸妹䷵」為顛倒顛註解。蓋「既濟䷾」與「未濟䷿」對。便是卦反。（卦反爲覆卦）「歸妹䷵」與「漸䷴」對。便是爻反。（爻反爲綜卦）

繼大師註《解》：「既濟䷾」與「未濟䷿」是覆卦、綜卦及錯卦關係。「歸妹䷵」與「漸䷴」是綜卦及合十之錯卦關係。另外還有蠱卦䷑與隨卦䷐，是綜卦及合十之錯卦關係。否卦䷋與泰卦䷊，是覆卦、綜卦及錯卦關係。於是乎「乾☰坤☷坎☵離☲震☳巽☴艮☶兌☱」八卦齊矣。

《原文》：相生者何嘗生。相尅者何嘗尅乎。今《玉尺》曰。「癸壬」來自「兌庚」。乃作體全之象。坎水迎歸「寅卯」。名爲頜氣之神。（頜音合，即下巴。意喻兜收之環抱曲水）金臨火位。自焚厥屍。木入金鄉。依稀絕命。火龍畏見「兌庚」。遇北辰而自廢。東震愁逢火劫。見西兌而傷魂。

張心言補註《疏》：《玉尺》此節實在理上講不通。按之於地。亦百無一驗。

《原文》：是山川有至美之精英。而以方位廢之也。且五行之論生旺墓。而亦限之以方位。其說起於何人。若以天運言。則陽升而萬物皆生。陰升則萬物皆死。無此生彼死。此死彼生之分也。

若以地脈言。則有氣而在在皆生。無氣則在在皆死。無此生彼墓。此旺彼衰之界也。今龍必欲自生趨旺。自旺朝生。水必來於生旺。去於囚謝。

繼大師註《解》：此句來自郭璞著《古本葬經內篇》見《葬經翼、葬經翼箋注合編》集文書局印行，內第二〇二頁。原文為：「朱雀原於生氣。派於未盛。朝於大旺。澤於將衰。流於囚謝。以返不絕。」可見蔣氏熟讀古人風水名家之著作。

《原文》：砂之高下亦如之。皆因誤認來龍之五行所屬。於是紛紛不根之論。咸從此而起也。更有謂龍之生旺墓若不合。別有立向消納之法。或以坐山起五行。或以向上論五行。不知山龍平壤。皆有一定之穴。生成之向。豈容拘牽字義。

以意推移。朝向論五行固爲乖謬。坐山論五行。亦未爲得也。《玉尺》又兩可其說曰。可合雙山。作用法聯珠之妙。宜從卦例。推求尊納甲之宗。又何其首鼠兩端。從無定見耶。

我願世之學地理者。山龍止（止同只）看結體之五星。平壤止看水城之五星。此乃五行之真者。苟精其義。雖以步武楊賴。亦自不難。至於方位五行。不特小元空生尅出入。宗廟洪範。雙山三合。斷不可信。卽正五行。八卦五行。亦不可拘。此關一破。則正見漸開。邪說盡息。地理之道。始有入門。

嗟乎。我安得盡洗世人之肺腸。而曉然告之以元空大卦天元九氣之真訣。使黃石《青囊》之祕。昭昭乎若揭日月而行也哉。

繼大師註《解》：此蔣氏著《辨龍五行所屬》一篇，主要論及三合之「八卦五行、雙山五行、十二長生、五行之生旺墓」皆謬者也。並說明非以龍脈之左旋右旋而分五行之陰陽，是以行龍之五行星體為主；以行龍來說，直者為木，圓者為金，曲者為水，尖銳者為火。方平者為土。五行星體變體而成「貪狼木、巨門土、祿存土、文曲水、廉貞火、武曲金、破軍金、左輔土、右弼金。」

尋龍以求其龍體之五行變化，不能執於「東方木、西方金、南方火、北方水。」等方位之五行。蔣氏說明：「龍必欲自生趨旺。自旺朝生。水必來於生旺。去於囚謝。」最後說出自己的心聲，就是：「我願世之學地理者。山龍止看結體之五星。平壤止看水城之五星。此乃五行之真者。」

《本篇完》

《辨四大水口》 蔣大鴻著 — 張心言補註《疏》— 繼大師註《解》

《原文》：夫四大水口有至理存焉。楊公書中未嘗發露。惟希夷先生闡闢水法。（宋－陳希夷，又名陳摶）倡明八卦之理。而四大水口之義。寓於其中。此乃黃石公《三字青囊》所固有。楊公特祕而不宣。即希夷引而不發也。

繼大師註《解》：陳摶為五代宋初人，字圖南，自號「扶搖子」，宋太宗賜號「希夷先生」，生於唐朝末年，出身低微，《宋史》說他是亳州真源（今安徽亳縣）人，元朝趙道一著《歷世真仙體道通鑒》稱陳摶享年118歲。

另一說法為190歲，陳摶出生時不能說話，至四五歲時才會，但年少聰明。他少年時讀書過目不忘，於後唐長興二年（公元931年）考科舉落第，於是出家修道。

在武當山修練道家內丹功，服氣辟穀二十餘年，日飲酒數杯，並修練睡功，不飲不食，一睡數年；並深懂《易經》，善於觀相看骨，能知過去未來。

聞說他曾與年少時的趙匡胤下棋，並戲言如贏了棋，就請趙匡胤送華山一地給他，後果然。趙匡胤登上宋朝開國皇帝後，陳希夷找他，結果如願以償，七十餘歲時隱居華山，深研易理象數，並創立先天易學，為宋代易學開山鼻祖。

據《吳景鸞陰陽天機書表》所說，華山處士陳希夷得楊筠松第子曾文辿傳授先天青囊心法之書，乃用於風水上之易經卦理，吳景鸞父親吳克誠不遠千里而往華山拜陳希夷為師，後使用時非常靈驗，但不幸早逝，吳克誠母親張氏，將秘本收藏，代吳景鸞長大後便將秘本傳授給他。

另外邵康節得陳希夷傳六十四卦方圓圖，就是三元六十四卦羅盤中之天盤及地盤，張心言地師把此方圓圖收錄在《地理辨正疏》卷首內。

《原文》：今人不知天元八卦之妙用。妄以凡庸淺見測之。遂以爲「辰、戌、丑、未」爲五行墓庫之方。輒以三合雙山附會之曰。「乙、丙」交而趨「戌」。「辛、壬」會而聚「辰」。斗牛納「丁、庚」之氣。金羊收「癸、甲」之靈。

嗚呼。謬矣。以三合五行起長生墓庫之。非穴龍上五行。左旋爲陽。右旋爲陰。而同歸一庫。穿鑿不通之論。前篇皆已辨之。獨此四大水口。

張心言補註《疏》：「辰、戌、丑、未」中有「震☳、巽☴、艮☶、兌☱」四父母卦在焉。

繼大師註《解》：廿四山之戌兼乾為艮卦☶，辰兼巽為兌卦☱，丑兼癸為震卦☳，未兼丁為巽卦☴，均為貪狼一運父母卦。故三合家以「辰、戌、丑、未」為五行墓庫之方，稱之為「四大水口」，但其位置不在「辰、戌、丑、未」山中間，故有所偏差。

《原文》：原屬卦氣之妙用。《青囊》之正訣。而亦爲此輩牽合錯解以僞亂真。余每開卷至此。不勝扼腕。故又特舉而言之。夫圖南先生八大局。（陳圖南即陳希夷。）皆從《洛書》八卦中來。一卦有一卦之水口。舉四隅之卦而言。則有四。若兼四正之卦而言。其實有八。張心言補註《疏》：八父母卦為八大水口。

繼大師註《解》：「兼四正之卦」指子兼壬之坤卦☷，午兼丙之乾卦☰，庚酉之坎卦☵，甲卯之離卦☲，加上「辰、戌、丑、未」山之四卦，合共八個父母卦，故說有八大水口。

《原文》：然括其要旨。卽一水口而諸卦之理已具。

張心言補註《疏》：即水口而知來龍。八卦如是。六十四卦無不如是。

繼大師註《解》：大凡真龍結穴，穴前可見之堂局最低點就是出水口，穴位以內龍虎定向，是故真穴有天然之水口，以水口管局；水口與來龍多必合十，彼此方向相對，但亦有例外，在穴上量度水口位置，配合特朝之山，則知來龍氣運，定出真穴向度，以配合元運，吉凶定能掌握。

《原文》：學者苟明乎此。山河大地。佈滿黃金矣。特以天心所祕。非人勿傳。故不敢筆之於書。聊因俗本。微露一端。任有夙慧者。死心自悟。若以爲陽「艮」龍「丙」火。交於「乙」。墓於「戌」。陰「亥」龍「乙」木。交於「丙」。亦墓於「戌」。

以爲天根月窟。雌雄交媾。元竅相通。種種癡人說夢。總因誤認諸家五行。不知卦氣之理。以訛傳訛。盲修瞎鍊。

吾遍觀古來帝王陵寢。以及公卿名墓。何曾有合此四語者。若用此四語擇得合格之地。總與地理真機無涉。其爲敗絕。亦猶是也。所謂勞而無功。聞余言者。不識能惕然有動於中否。

繼大師註《解》：「辰、戌、丑、未」之四大水口，只是三合家所說之五行墓庫位，取「亥卯未、寅午戌、巳酉丑、申子辰」而矣；此是固定格局，不能盡信，倘若配上失元氣運水口，必遭凶險。

《本篇完》

《辨陰陽交媾》 蔣大鴻著 ── 繼大師註解

《原文》：天地之道。不過一陰陽交媾而已。天地有一大交媾。萬物各有一交媾。變變化化。施之無窮。論其微妙。莫可端倪。而實有其端倪。故曰元牝之門。是爲天地根。地理之道。若確見雌雄交媾之處。則千卷《青囊》皆可侳之祖龍矣。（侳音坐 ── 有辱。）斯理甚祕。而實在眼前。若一指明。觸目可覩。然斷不從五行生旺墓上討消息也。

《玉尺》乃曰。有「乙、辛、丁、癸」之婦。配「甲、庚、丙、壬」之夫。又曰。陰遇陽而非其類。號曰陽差。陽見陰而非其偶。名曰陰錯。仍取必於「乙、丙」之墓「戌」。「辛、壬」之墓「辰」。「丁、庚」之墓「丑」。「癸、甲」之墓「未」。此真三家村學究之見也。

夫陰陽之交媾。自然而然。不由勉強。亦活潑潑地。不拘一方。豈可以方位板格死煞排算乎。卽以天地之交媾者言。天氣一降。地氣一升。而雨澤斯沛矣。子能預定天地之交於何方。合於何日乎。更以男女之交媾者言。陽精外施。陰血內抱而胎元斯孕矣。子能預擬胎孕之何法而成。何時而結乎。

知天地男女之不可以矯楺造作。則知地理之所謂天根月窟亦猶是矣。此惟楊公《都天寶照》言之鑿鑿。不啻金針暗度。余而因辨《玉尺》之謬。而偶洩於此。具神識者。精思而冥悟之。或有鬼神之告也。

繼大師註《解》：蔣氏舉出《平砂玉尺經》內之謬誤，此經說「乙、辛、丁、癸」四山為婦，配以「甲、庚、丙、壬」之夫，蔣氏說，若「**陰遇陽而非其類。號曰陽差。陽見陰而非其偶。名曰陰錯。**」

以繼大師之見解，這陰陽就是卦之陰陽，配以穴前山水之陰陽。在卦理上而言，此八山內之八個卦均有相同及有不同之處，以龍配山，向配水而言，若零正錯配，凶事立見，即是「陽差陰錯」；此配法是固定格局之法，並非完全錯謬，但必須得真傳始能邀福。

《本篇完》

《辨砂水吉凶》蔣大鴻著 — 張心言補註《疏》— 繼大師註《解》

《原文》：今之地理家。分龍穴砂水爲四事。或云龍雖好。穴不好。或云龍穴雖好。砂水不好。何異癡人說夢。古之真知地理者。只有尋龍定穴之法。無尋砂尋水之法。正以雖有四者之名。而其實一而已矣。

穴者。龍之所結。水者。龍之所源。砂者。龍之所衞。故有是龍。則有是穴。有是穴。則有是砂水。未有龍穴不真。而砂水合格者也。亦未有龍真穴的。而砂水不稱者也。《玉尺》反曰。龍穴之善惡從水。猶女人之貴賤從夫。穴雖凶而水吉。尙集諸祥。是以本爲末。以末爲本。顛倒甚矣。

繼大師註《解》：風水學中，以尋得真龍為首，然後點取吉穴，初擬大向，才向度收取山峰，墳前拜臺設出水口，煞出則旺氣入穴，為「收山出煞」。蔣氏強調「**只有尋龍定穴之法。無尋砂尋水之法。**」一般人學習風水，只研究穴之四週山巒水流，一到穴場，只說此穴如何好，如何壞，若是他們點穴，就不知從何下手，這因為他們沒有一套証穴之方法。

學點地之人，首先懂得尋真龍，從真脈上點取吉穴，要有「認得脈氣集中在何處」之工夫；除穴有後靠山峰，左右有山脈守護，前有明堂、朝山、案山之外，界水之地，切不可點！這必須得明師真傳。

蔣氏駁斥《玉尺經》內之「龍穴之善惡從水。」但一般真龍結穴，並非完整無缺，任何穴地，少不免有點瑕疵，可用人工修補，這要看地師之工夫了。有時地小而有吉砂朝迎，或有貴水纏繞兜抱，有時地大而遇上凶砂惡水，畢竟此等龍穴並不多見。，

繼大師曾勘察過一穴，落脈脈脊尖削，但有星辰化氣，至結穴處，生出一星丘，穴結丘下，青龍砂是一平頂之横脈山嶺，包拱有情，但可惜竟然出現兩條直流之泉水，由青龍方直沖穴場，此稱之為「掛劍泉」，主大房夭絕，若無把握將它修改，則穴可棄之不用。

《原文》：且其所謂吉凶者。只取四生三合。雙山五行。論去來之吉凶。而以來從生旺。去從墓絶者爲吉。反此者爲凶。既屬可笑。又以砂水在淨陰方位者爲吉。在淨陽方位者爲凶。尤爲拘泥。

夫水之吉凶。只辨天元衰旺之氣。砂者。借賓伴主。只要朝拱環抱。其形尖圓平正秀麗端莊。皆爲吉曜。若斜飛反去。破碎醜拙則爲凶殺。或題之。曰文筆。曰誥軸。曰御屏。曰玉几。曰龍樓。曰鳳閣。曰仙橋。曰旗幟。曰堆甲屯兵。曰煙花粉黛。

諸多名色。皆以象取之。類應之。而不可拘執。亦須所穴者。果是真龍胎息。精靈翕聚。而後一望臚列。皆其珍膳爾假。

如一山數塚。同見貴砂。而一塚獨發。其餘皆否。豈非貴之與賤在龍穴。而不關於砂乎。況四神八國並起星峯。皆堪獻秀。何必淨陰之位則吉，淨陽之位則凶。

繼大師註《解》：這是曾求己著《青囊序》所說：「**請驗一家舊日墳。十墳埋下九墳貧。惟有一家能發福。去水來山盡合情。**」註者隨 呂師學習其間，恩師解釋非常清楚，茲述如下：

如有人在上元四運末點穴造葬，立得生旺向度而發了達，眾人見此墳之後人興旺，於是相繼在附近造葬，立同樣之向度，但元運已由上元轉成下元，故造葬時為煞向，雖然是同山同向同流水，但新墳造葬在失元元運，所以凶禍立見。

《原文》：龍穴無貴陰賤陽之分。砂水又豈有貴陰賤陽之分耶。其云。文筆在「坤、申」爲詞訟。旌旗見「子、午」爲劫賊。高峯出南離，恐驚回祿。（回祿即火災。）卯星當日馬。必遭瞽疾。「乾、戌」爲鼓盆之殺。「坤」流爲寡宿之星。「寅、甲」水。瘋疾纏身。「乙、辰」水。投河自縊。

又云。未離胎而夭折。多因衝破胎神。纔出世而身亡。蓋爲擊傷生氣。四敗傷生。雖有子而母明父暗。旺神投浴。恐居官而淫亂可羞。

張心言補註《疏》：《玉尺》大謬。蔣子辨之是矣。然以諸說按之於地。頗有驗者。若不申明共所以。然閱者將疑信參半。而無所折衷矣。蓋四胎神即四沐浴。亦即四旺四敗。無非「子、午、卯、酉」化身字樣。

南離曰馬。又即是「午」與旌旗見。「子、午」同推。均在兩宮交界之地。倘犯雜亂。固有是病。至四生氣。即「寅、申、巳、亥」與「寅、甲」水。「乙、辰」水同例。均在兩儀分界之地。倘犯差錯。原有是弊。

若「坤、申」。若「乾、戌」不在易犯雜亂差錯處。故其所指之病亦輕。如能悉遵易理。用測望法。收準一卦純清。界畫分明。安有種種之咎耶。

繼大師註《解》：蔣氏說「坤、申為詞訟。」羅盤廿四山之「坤兼申」為後天坤宮☷，先天巽宮☴，為先天文昌位，紫白訣云：「**一四同宮。準發科名之顯。**」收得當元秀峰則出律師訟師，收得失元或逢煞運則惹官非訴訟而致傾家蕩產。

若立廿四山之「坤申」側之界線，為黃泉八煞，稱為「**寡宿之星**」，主人早亡。「子、午」正線，後天坎☵離☲二宮，亦為黃泉八煞，午位逢煞，為「**火燒天門。**」若此方出現高峰，逢煞運或煞線，多有火災，若正午方有印山，後代出盲人。

「乾」山為後天乾宮☰中線位，先天艮☶坤☷二宮交界線位，「戌」山與「辛」山界線為後天乾☰兌☱交界線位，先天艮☶宮兩儀交界之處，穴之立向，稍有不慎，即有喪妻的悲哀。

「寅、甲」界線為後天艮☶震☳交界線位，先天離宮☲兩儀交界之處，若有水沖射，主瘋疾纏身。「乙、辰」界線為後天震☳巽☴交界線位，先天兌宮☱兩儀交界之處，若有水沖射，主投河自縊。

此等之煞，無非是先後天宮位中線及界線之位，為空亡線也，立向宜避之；若逢凶砂凶水，多是虛花假穴，穴不可下，若得真訣，須得真傳，否則亦是枉然。

《原文》：諸如此類。不可枚舉。立辭愈巧。其理愈虛。一謬百謬。難以悉辨。總其大旨曰。廢五行衰旺之說。破陰陽貴賤之名。可以論龍穴。即可以論砂水矣。

我於是書。取其四語曰。本主興隆。殺曜變爲文曜。龍身微賤。牙刀化作屠刀。此則沙中之金。石中之玉也。采葑采菲。（葑菲音封非，菜名，有一德可取之意。）無以下體。故特舉而存之。

《本篇完》

《辨八煞黃泉祿馬水法》—— 蔣大鴻著 —— 繼大師註解

《原文》：水法中有「祿上御街」、「馬上御街」。其說鄙俚不經。而最能使俗人豔慕。又有黃泉八煞。二種禁忌。使人望而畏之。若探湯焉。我以爲其說皆妄也。

夫祿馬貴人。起例見於六壬。在易課中已屬借用。與地理祿命皆無干涉。世人學術無本。一見干支便加祿馬。推命家用之。地理家亦用之。東挪西借。以張之子孫繼李之宗祖。血脈不通。鬼神不享。

此在楊曾以前。從不見於經傳。後之俗子。妄加添設。不辨自明。夫地理之正傳。止以星體爲巒頭。卦爻爲理氣。捨此二者。一切說元說妙。且無所用之。況其鄙俗之甚者乎。

其所稱馬貴者。亦有之矣。曰貴人。曰天馬。此皆取星峯而爲名。不在方位也。

水之御街。亦以形論。非以方言。至於八煞黃泉。尤無根據。全然揑造。更與借用者不同。夫天地一元之氣。周流六虛。八卦方位。先天後天。互爲根源。環相交合。相濟爲用。得其氣運則皆生。違其氣運則皆死。但當推求卦氣之興衰。以爲趨避耳。從無此卦忌見彼卦。此爻忌見彼爻之理。

若失氣運。則「巽」見「辛」。「艮」見「丙」。「兌」見「丁」。「坤」見「乙」。「坎」見「癸」。「離」見「壬」。「震」見「庚」。「乾」見「甲」。本宮納甲正配。尚足以興妖發禍。若得氣運。雖坎龍、坤兔、震猴、巽雞、乾馬、兌蛇、艮虎、離豬。而卦氣無傷。諸祥自致。

我謂推求理氣者。須知有氣運隨時之真殺。繼大師註《解》：造葬時之元運，不合墳碑向度之卦運，謂之真煞。實無卦爻配合之煞曜。今真煞之刻期刻應。剝膚切骨者不知避。而拘拘忌八曜之假煞。亦可悲矣。黃泉即四大水口。而強增名色者也。故又曰。四個黃泉能殺人。「辰、戌、丑、未」爲破軍。四個黃泉能救人。「辰、戌、丑、未」爲巨門。故又文飾其名。曰「救貧黃泉」。夫既重九星大元空水法。則不當又論黃泉矣。何其自相矛盾。一至於此。或亦高人心知其誣。而患無以解世人之惑。故別立名色。巧爲寬譬耶。未可知也。

其實則單論三吉水可矣。不必論黃泉也。且黃泉所忌。於彼所言淨陰淨陽。三合生旺墓水法。皆不盡合。若論陰陽。則「乙」忌「巽」是矣。而「丙」則同爲純陰。「庚、丁」忌「坤」。「甲、癸」忌「艮」。「辛」忌「乾」是矣。而「壬」則同爲純陽。何以亦忌。此與淨陰淨陽。自相矛盾也。

若論三合五行。則「乙」水向見「巽」。「丁」木向見「坤」。「辛」火向見「乾」。「癸」金向見「艮」。同爲墓絕方。忌之是矣。「丙」火向見「巽」。「庚」金向見「坤」。「壬」水向見「乾」。「甲」木向見「艮」。皆臨官方也。何以亦忌此。於三合雙山。自相矛盾也。

我卽彼之謬者。而以證其謬中之謬。雖有蘇張之舌。亦無辭以復我矣。《玉尺》遂飾其說曰。八殺黃泉雖爲惡曜。若在生方。例難同斷。此真掩耳盜鈴之術。既云惡曜矣。又焉得云生方。既云生方矣。又焉得稱惡曜。

孰知惡曜固不真。而生方亦皆假也。或者又爲之辭曰。黃泉忌水去而不忌來。或又曰。忌水來而不忌去。總屬支離。茫無一實。我謂運氣乘旺。

繼大師註《解》：「運氣乘旺」即卦運配合當元旺向，並合零正陰陽。

雖黃泉而但見其福。運氣當衰。雖非黃泉。而立見其禍。苟知其要。不辨自明。而我鰓鰓然論之不置者。以世人迷惑已久。如墮深坑。無力自脫。多方曉譬。庶以云救也。嗚呼。當世亦有見余心者耶。

繼大師註《解》：以蔣氏之見解，此篇《辨八煞黃泉祿馬水法》其實是祿馬貴人起例之法，在六壬術數中可見，與地理命祿皆無干涉，無知之人，把算命之術用於風水上，實是錯謬。至於黃泉八煞，三合家由於在使用《玉尺經》內的學理給人造葬穴地，累積經驗後，知道黃泉線可以殺人，但亦可救人，他們只知其一，不知其二。

蔣氏認為當有高人心知這是揑造的學理，而擔憂不能解世人之疑惑，故巧立名目，說出這些似是而非的學說，這必須得明師真傳始能明白。蔣氏認為無論水法或穴之立向，只要立得當元氣運，乘得生旺，雖三合家認為是黃泉線度，亦可邀福。若立失元氣運而當衰，雖非黃泉線度，而凶禍立見。

《本篇完》

《辨分房公位》 蔣大鴻著 — 張心言補註《疏》 — 繼大師註《解》

《原文》：夫葬者所以安親魄也。親魄安則衆子皆安。親魄不安則衆子皆不安。今之世家巨族。往往累年不葬。甚之遲之久久。終無葬期。一則誤於以擇地爲難。再則誤於拘分房之說。一子之家猶可。子孫愈多。爭執愈甚。遂有挾私見以隄防。用權謀以自便者矣。有時得一吉地。惑於旁人之言。以爲不利於己而阻之者。阻之不已。竟葬凶地。同歸於盡。亦可哀哉。

繼大師註《解》：曾見一友人，帶註者繼大師去觀看其父墳，心中帶有怨氣，其弟弟屬二房，因造葬其父墳後而大發起來，人富後便生了高傲之心，看不起大哥，友人心中極為不忿，遂生起要破壞父墳之心，求一拍兩散而同歸於盡。

註者繼大師勸解他，各人有各人的福份，不可勉強，否則自己帶來禍害，後來他才心息而認命。

《原文》：原其故。皆地理書公位之說。爲之禍根。使人滅倫理。喪良心。無所不極其至也。豈知葬地如樹木。

根荄得氣。（荄音該，草根。）則衆枝皆榮。根荄先撥（撥即拔）。則衆枝皆萎。亦有一枝榮。一枝萎者。外物傷殘之耳。葬親者。但論其地之吉凶。斷不可執房分之私見。

吾觀古來名宗巨室。往往其一祖地。各房均發者甚多。亦有獨發一房。或獨絕一房者。此有天焉。（各有天數也）不可以人之智巧爭也。或問曰。然則公位之說全謬歟。又何以有獨發獨絕者耶。

曰。是固有之。而非世人之所知也。其說在易曰。震☳爲長男。坎☵爲中男。艮☶爲少男。巽☴爲長女。離☲爲中女。兌☱爲少女。

張心言補註《疏》：明《寶照》左邊水反節下。

《原文》：孟仲季之分房。由此而起也。然其中有通變之機。非屬此卦。卽應此子應此女之謂也。《玉尺》乃云。「胎、養、生、沐」屬長子。「冠、臨、旺、衰」屬仲子。「病、死、墓、絶」屬季子。卽就彼之言以析之。生則諸子皆生矣。旺則諸子皆旺矣。死絶則諸子皆死絶矣。

何爲以此屬長。以此屬仲。以此屬季。曰。亦以其漸耳。析之曰。以爲始於「胎、養」。繼而之「旺」。旣而「死、絶」似矣。若有四子以往。則又當如何耶。其轉而歸「生、旺」耶。抑另設何名以應之耶。此不足據之甚者也。世人愼勿惑於其說也。

繼大師註《解》：蔣氏對於人們因為自己之私心，在造葬父母之時，擔憂自己所屬房份之興敗，故兄弟之間，每有發生爭執磨擦，或惑於第三者之旁言聳聽，在擇地上未能有利於自己，故大力阻止，若阻止不遂，竟然願意凶葬而同歸於盡。蔣氏認為這是地理書的公位所說而引致，實為禍根之原。

蔣氏指出《平砂玉尺經》所說之用十二長生斷房份生尅之謬，並明確指出易經中以「震☳為長男。坎☵為中男。艮☶為少男。巽☴為長女。離☲為中女。兌☱為少女。」等，他暗示「**孟大房、仲二房、季三房**」等，以此而分，並有通變之玄機存在。

《本篇完》

《總論後》 蔣大鴻著 — 張心言補註《疏》 — 繼大師註《解》

《原文》：蔣子作《玉尺辨僞》既成。或問曰。子於是書訛謬。辨之則既詳矣。子謂吉凶之理存乎地。而非方位之所得而限也。然則八干、四維、十二支。舉無有吉凶之當論乎。曰。何爲其然也。我正謂八干、四維、十二支。皆分屬乎卦氣。

夫卦氣吉凶之有辨。蓋灼灼矣。而特非「淨陽、淨陰、雙山、三合、生旺墓」之云云也。乃若《青囊》正理。方位之辨。實有之。其祕者不敢宣洩。姑就《玉尺》之文以概舉之。《玉尺》所畏者。曰「乙辰」曰「寅甲」而以《青囊》言之。「乙」之與「辰」。「寅」之與「甲」。

張心言補註《疏》：「乙」與「寅」均屬陰儀。「辰」與「甲」均屬陽儀。

繼大師註《解》：「乙、卯」二山有四卦。為「中孚䷼、節䷻、損䷨、臨䷒」，是「兌䷹」宮內後四卦。屬陰儀。「寅、半艮」二山有四卦，為「家人䷤、既濟䷾、賁䷕、明夷䷣」，是「離䷝」宮內後四卦，同屬陰儀。

「辰、半巽」二山有四卦，為「履䷉、兌䷹、睽䷥、歸妹䷵」，是「兌☱」宮內前四卦，屬陽儀。「甲、半卯」二山有四卦，為「同人䷌、革䷰、離䷝、豐䷶」，是「離☲」宮內前四卦，同屬陽儀。若立向在「寅甲」或在「乙辰」界線，為兩儀交界位，易犯空亡而致後人夭絕，此種線度，宜避之則吉。

《原文》：相去不啻千萬里也。有時此吉而彼凶。有時此凶而彼吉者矣。所最羨者曰。「巽、巳、丙」而以《青囊》言之。「巽、巳」之與「丙」。

張心言補註《疏》：「巳」連半「巽」為陰儀。「丙」為陽儀。

繼大師註《解》：「巳」至半「巽」二山有四卦，為「小畜䷈、需䷄、大畜䷙、泰䷊」，為乾宮後四卦，屬陰儀。半「午」至「丙」二山有四卦，為「乾☰、夬䷪、大有䷍、大壯䷡」，為乾宮前四卦，屬陽儀。若立向在「丙巳」界線，為兩儀交界位，易犯空亡，為黃泉線度，宜避之。

《原文》：相去亦不啻千萬里也。有時此吉而彼凶。有時此凶而彼吉者矣。所最欲分別而不使之混者。曰「丙、午、丁」。曰「乾、亥」。曰「甲、卯、乙」。曰「辰、巽」。曰「丑、艮、寅」。而以《青囊》言之。「午」之與「丙、丁」。

張心言補註《疏》：句中有句。半「午」與「丁」。半「午」與「丙」。各統收四卦。尚不失兩儀作法。

《原文》：「亥」之與「乾」。「卯」之與「甲、乙」。

張心言補註《疏》：半「卯」之與「甲」。半「卯」之與「乙」。

繼大師註《解》：半「乾」挨近「戌」方為三元外盤「艮」宮後四卦。為「漸䷴、蹇䷦、艮䷳、謙䷎」，屬陰儀。半「乾」挨近「亥」方為「坤䷁」宮之前四卦，為「否䷋、萃䷬、晉䷢、豫䷏」，屬陽儀。半「卯」挨近「甲」為三元外盤「離䷝」宮之前四卦，為「同人䷌、革䷰、離䷝、豐䷶」，屬陽儀。半「卯」挨近「乙」為「兌䷹」宮之後四卦，為「中孚䷼、節䷻、損䷨、臨䷒」，屬陰儀。

《原文》：「巽」之與「辰」。「丑、寅」之與「艮」。

張心言補註《疏》：「丑」之與半「艮」。「寅」之與半「艮」。

繼大師註**《解》**：半「艮」挨近「丑」方為三元外盤「震☳」宮之前四卦，為「無妄䷘、隨䷐、噬嗑䷔、震卦䷲」，屬陽儀。半「艮」挨近「寅」方為三元外盤「離☲」宮之後四卦，為「家人䷤、既濟䷾、賁䷕、明夷䷣」，屬陰儀。

《原文》：所爭不過尺寸之間而已。有時而吉。則必與之俱吉。有時而凶。則必與之俱凶矣。今乃於其當辨。而不可不辨者。

繼大師註**《解》**：蔣公用廿四山說六十四卦，在使用例子之時，並不說出正確的位置，以免被讀者識破，故說「**所爭不過尺寸之間。**」

四隅之「乾、坤、艮、巽」位，為兩宮之分界線，以巽山為例，巽兼巳為乾宮☰，巽兼辰為兌宮☱，巽山正線為煞，若元運不同，在立向時挨左或挨右，都要小心處理，否則逢煞運而得凶險。

試問以三合之法，其細微程度又何足以與六十四卦相比呢！蔣公說三合五行干支之陰陽生旺死絕，無非借藉口去辨三合之非，說了等於沒說，蔣公守秘如此，難怪誤解的人眾多，直至張心言始公開易經中六十四卦之圖象於《地理辨正疏》卷首內。

《原文》：如黃精之與勾吻。附子之與烏頭。一誤用之。而足以入口傷生者。反置之不辨。於其易辨而可以不辨者。如白粱之與黑秬。（秬音巨，黑黍子。）異色而皆可以養人。堇之與鴆。

繼大師註《解》：堇音僅。堇菜。鴆音浸。傳說中的毒鳥。將牠的羽毛放在酒裏。可以毒殺人。以上除論述卦宮之陽儀及陰儀外，還有特別暗示！蔣子及張子亦引而不發。這裏涉及相連之兩陽儀及兩陰儀各四卦內之卦宮宮位，包括在卦宮內及在卦宮外的問題，讀者切宜留意。

《原文》：異類而皆可以殺人者。屑屑焉悉舉而辨之。彼自以為智。而乃天下之大愚也。且生旺死絕之說。《青囊》未嘗不重之。故《葬書》曰。「葬者。乘生氣也。」

卦氣之所謂生。非三合五行之所謂生。卦氣之所謂旺。非三合五行之所謂旺。卦氣之所謂死絕。非三合五行之所謂死絕。且地氣之大。生旺不知趨。而區區誤認一干一支之假生旺而求迎之。地氣之大。死絕不知避。而區區誤認一干一支之假死絕而思避之悲。

夫所謂雀以一葉障目。而謂彈者之不我見也。以此爲己。適以害己。以此爲人。適以害人而已故。夫《玉尺》之於地理。猶鄭聲之與雅樂。楊墨之於仁義。

繼大師註《解》：「楊墨」指戰國時期楊朱與墨翟的學說。楊朱主張「為我」，墨翟主張「兼愛」，是戰國時期與儒家對立的兩個重要學派。

一是一非。勢不兩立。實有關乎世道之盛衰。天地之氣數。竊聞嘉靖以前。其書尚未大顯。至萬歷時。有徐之鏌者。爲之增釋圖局。而梓行之。於是江湖行術之徒。莫不手握一編。以求食於世。

繼大師註《解》：明世宗朱厚熜，明朝第十一位皇帝，朝號世宗，年號嘉靖，在位期間為1521年至1567。明神宗朱翊鈞，年號萬曆（1572年－1620年）在位48年。當時《平砂玉尺經》流行於萬曆年間。

徐之鏌字「試可」，為明南閩人士，著有《地理琢玉斧巒頭歌括》於萬曆年間出版（1572－1620）。

至康熙卅九年庚辰年（公元1700年）此書再由嚴陵張鳳藻（九儀）增釋，其弟子袁士麟（玉書）參訂，在無錫出版。現此書在台灣武陵出版社出版，編號A－630，在香港有玄學出版社印行，書名《增釋地理琢玉斧》。

此書在當時影響尤深，蔣大鴻地師認為此書影響至巨，為害至大，荼毒眾生，故著《平砂玉尺辨偽》。

《原文》：至今日而惑於其說者。且遍天下也。悖陰陽之正。干天地之和。與俶擾五行。怠棄三正者同其禍患。有聖人者出。而誅非聖之書。於陰陽一家。必此書爲之首。嗚呼。此書不破。世運何由而息水火。生民何由而躋仁壽哉。我拭目望之矣。

崔止齋曰：明卻正理。僞說自無庸辨。蔣子辨《玉尺》。所以申傳註未盡之義。張疏此卷從畧。學者宜逐節會意到卦理上去。便見作者命意之所在也。

《本篇完》

《平沙玉尺辨偽總括歌》會稽──姜垚（汝皋）著──繼大師註解

《原文》：萬卷堪輿總失真。《平沙玉尺》最堪嗔。二劉名姓憑伊冒。豈有當年手澤存。

繼大師註《解》：二劉指劉秉忠及劉伯溫。

《原文》：開國伯温成佐命。嘗將妙訣定乾坤。晚年一篋青囊祕。盡作天家石室珍。

繼大師註《解》：劉秉忠名侃，字仲晦，後更名子聰，河北省邢台縣人，精於天文地理等五術，善觀星、占卜及風水地理，隱居於河北省武安山修煉。

公元一二五七年蒙古奇渥溫忽必烈聞劉秉忠有道，請其輔助元朝，劉給予忽必烈用風水相宅，並建都於開平府，即現在內蒙古多倫縣，離北京以北約二百五十公里。

一二五七年，蒙古主欲親征伐宋，命劉氏卜其吉凶，秉忠曰：「宋之國勢將亡，但主上南行不吉。」兩年後蒙古主親自將兵伐四川時不幸駕崩，時忽必烈南渡，江淮州縣俱降，宋國大驚，右丞相賈似道密遣使者乞和，忽必烈始班師回朝。

宋，景定元年公元一二六〇年蒙古忽必烈即位，建元中統，稱元世祖，定國為大元，國勢日盛，安南（今越南）及高麗（今韓國）皆請降。

公元一二六四甲子年，有慧星出於柳（即柳宿，稱鶉火，是廿八宿中南方朱雀八顆星中之第三宿），劉秉忠謂忽必烈帝曰：「宋主將殂矣。」

在公元一二六四年國號改「至元」，封劉秉忠為光祿大夫太保。公元一二七四甲戌年，劉秉忠先生於南屏精舍無疾而終。

署名劉秉忠所著《平砂玉尺經》，不知是否為他本人所著，但蔣大鴻先生著《平砂玉尺辨偽》一文，則肯定它是偽經，影響深遠，故寫辨偽文辨之。

劉基字伯溫（1311年至1375年），浙江省青田縣（今文成縣）人，故又名劉青田，祖籍陝西保安（志丹），南宋抗金將領劉光世的後人，是元末明初軍事家、政治家，文學家及詩人，通曉經史天文，精兵法。

並輔佐明太祖朱元璋完成帝業，授資善大夫、上護軍，封誠意伯；正德時追贈太師，謚文成，故又稱劉誠意、劉文成。作《燒餅歌》、《金陵塔碑文》和《救劫碑文》又名《陝西太白山劉伯溫碑記》預言後世的盛衰。

《原文》：

天寶不容人漏洩。忍將隱禍中兒孫。片言隻字無留影。肯借他人齒頰名。
秉忠亦是元勳列。敢冒嫌疑著此經。世上江湖行乞者。只貪膚淺好施行。
戶誦家傳如至寶。與災釀禍害生民。幸遇我師垂憫救。苦心辨駁著斯文。
竊恐愚夫迷不悟。括成俚句好歌吟。願君細察篇中意。莫枉宗陽一片心。

天下山山多順水。此是行龍之大體。真龍發足不隨他。定是轉關星特起。
特起之龍變化多。渡水逆行不計里。玉尺開章說順龍。順水直衝爲大吉。
水來甲卯兌不收。水來丁午坎不取。必要隨流到合襟。直瀉直奔名漏髓。
全無真息陰龍胎。山穴平陽皆失軌。勸君莫聽此胡言。誤向順流探脈理。

八方位位有真龍。爻象干支總一同。山脈陰陽分兩界。此是天然造化工。
陽脈出身陽到底。陰脈出身陰爲宗。從無僞來並僞落。豈有貴賤分雌雄。
若是真胎成骨相。乾坤辰戌也崢嶸。若是穴亡無氣脈。巽辛亥艮盡招凶。
品水評砂原一例。三吉六秀有何功。勸君莫聽此胡言。旺相孤虛理不通。

五行相生與相尅。此是後天粗糲質。山川妙氣本先天。生不須生尅非尅。
木行金地反成材。火入水鄉真配匹。南離爐治出真金。陰陽妙處全須逆。
原說五行顛倒顛。庸庸之輩何能識。先天理氣在卦爻。生旺休囚此中出。
量山步水總一般。立向收砂非二格。安有長生及官旺。全無墓庫與死絕。

繼大師註《解》：姜氏駁斥《平砂玉尺經》之偽，八卦位位均有真龍，順逆之龍皆有，五行生尅非真訣，以卦爻順逆為宗，五行顛倒亦會出現，不是長生、官旺及墓庫等學理，全由卦理主導吉凶也。

《原文》：

卦若旺時路路通。卦若衰時路路塞。有人識得卦與衰。眼前儘是黃金陌。
納甲本是卦中元。用他配合皆非的。堪笑三合及雙山。元空生出並尅出。
更有祿馬及赦文。咸池黃泉八曜殺。庸奴只把長生輪。誤盡天涯聰慧客。
勸君莫聽此胡言。五行更覓真消息。雌雄交媾大陰陽。月窟天根卦內藏。
此是乾坤造化本。會時便號法中王。楊公說個團團轉。一左一右兩分張。
明明指出夫和婦。有個單時便是雙。二十四山雙雙起。八卦之中定短長。
豈料庸奴多錯解。干支字上去商量。誤起長生分兩局。會同墓庫到其鄉。

未曾曉得真交媾。那裏懷胎喚父孃。我郎汝言來教汝。陰陽指氣不指方。
甲庚丙壬是陽位。有時占陰不喚陽。乙辛丁癸是陰位。有時占陽郎喚陽。
陰陽亦在干支上。不用排來死煞方。眼前夫婦不識得。卻將寡婦守空房。

勸君莫聽此胡言。元竅相通別主張。四大水口歸其位。此是卦之真匹配。
如何說到墓庫方。左旋右旋來傳（傳同附）會。四水四卦逐元輪。
一元一卦乘旺氣。周流八卦逐時新。會者楊公再出世。今將墓合作歸源。

失運失元迎煞氣。勸君莫聽此胡言。陽差陰錯非斯義。公位亦自卦中來。
長少中男各有胎。不論干支並龍脈。如何亦取三合推。胎養生沐乃云長。
仲子冠臨及旺衰。少子病死並墓絕。若然多子作何排。世人信此爭房分。

繼大師註《**解**》：世人因相信《玉尺經》內房份吉凶之說，讓成紛爭，或停屍而不落葬。姜氏強調卦理主導陰陽吉凶，並非以十二長生定房份之衰旺。

《原文》：

停喪不葬冷爲灰。更起陰謀相賊害。傷倫蔑理召天災。陷人不孝並不睦。此卷僞書作禍胎。我願今人只求地。得地安親大本培。親安衆子皆蒙慶。休把分房去亂猜。試看閥閱諸名墓。

繼大師註《解》：閥閱音罰月。指有功勛及權勢的世家。

《原文》：

一祖枝枝產衆材。分房盡爲分陽宅。莫論偏苛到夜臺。平沙一卷何人作。註解翩翩尤醜惡。添圖添局死規模。強把山川牢束縛。從謙失卻布衣宗。之鏌直是追魂鑿。

繼大師註《解》：「之鏌」鏌音莫。指徐之鏌字「試可」。為明南閩人士。著有《地理琢玉斧巒頭歌括》於萬曆年間出版，為三合家所尊崇。

《原文》：

嘉隆以上無此書。萬曆中年方撲朔。從此家家無好墳。迄今徧地成蕭索。焉得將書付祖龍。免使蒼生遭毒藥。

繼大師註《解》：「嘉隆」即明代「嘉靖、隆慶」，嘉靖由1522至1566年，隆慶由1567至1572年，這些年代並沒有《平砂玉尺經》，直至萬曆年代（1573至1620年）始出現，並在風水界中流行起來，做成混亂。「祖龍」指秦始皇，意喻焚書坑儒，應該把此經消掉之意。

《本篇完》

論《平砂玉尺經》

繼大師著

《平砂玉尺經》署名是元朝劉秉忠先生所著，全經有〈審勢篇〉、〈審氣篇〉、〈審龍篇〉、〈審穴篇〉、〈審砂篇〉、〈審向篇〉等六篇，內容是用羅盤中廿四山立向分金，又分七十二山龍，並倡廿四山雙五行之法立穴，其中在〈審氣篇〉有云：

「辨方定位。究二十四字之興衰。立穴朝迎。察七十二龍之關殺。」

是專以羅盤中之廿四山定吉凶，除用廿四山立向外，用廿四作水口，以「辰、戌、丑、未」一山為四大水口，為墓庫，以廿四山之祿馬貴人取應於催官生氣，在〈審穴篇〉有云：

「兌丁本爲正配。見亥艮而富貴尤奇。震庚猶如夫婦。見辛亥而文武雙全。」

又倡言：「尊納甲之宗。八殺黃泉。」以廿四山作收山出煞。

《平砂玉尺經》是三合家所尊崇之經典，筆者據恩師 呂克明先生所述，此三合家經典在理氣方位上，並不是完全錯誤的，它的準確率達至七成，若是巒頭高手，配合三合理氣的話，其線度可令福主邀福。

假若立下非當元卦運之向度，雖未能即時興旺，但當氣運一至，亦可大發一時，這全在巒頭點穴功夫上為主，理氣為用，兩者互相配合。

呂師並推斷，寫此三合理氣口訣之人，實是得三元真訣之高手，智慧非常了得，因三元理氣是活法，因是秘密法，不能隨便公開。這樣，他又不想下智之人在立向時錯下煞線。

所以，他依三元六十四卦之方位，用廿四山三層作「天盤、人盤、地盤」，共七十二格方位，又立「黃泉八煞」之名目，其實，細心分析下，黃煞八煞即是四正四隅交界線方，是天地分位之中間線度，三元家亦不立此向。

假若地師巒頭功夫好，若依三合廿四山向，以天、人、地盤作收山出煞，亦可暫作一時之用，這些向度當中，還有很大算勝的機會率，總比較「胡亂立向」好得多了。

恩師對三合家學說之看法，是認同張心言地師在《地理辨正疏》卷末－《三合源流》中的說法。張氏云：

「余既將祕旨盡情道破。則三合源流不得不逐一分疏。蓋創是說者。當有高人。既得真傳。不肯輕洩淚示。而以呆板死格。傳中智以下之徒。俾之不見小就給衣食耳。其流弊至今。」

至於此論，張氏亦有解釋，云：「而巳辛丁癸之向。見乾坤艮巽之水。在三合沐浴方謂之殺人黃泉。不知乾坤艮巽均爲一九分界之處。」

此四隅方是乾坤艮巽四山。即是：

乾山－天地否卦䷋與地山謙卦䷎。

坤山－天水訟卦䷅與地風升卦䷭。
艮山－天雷無妄䷘與地火明夷䷣。
巽山－天澤履卦䷉與地天泰卦䷊。

剛好四山在兩宮交界處，易犯空亡煞線也。

至於《平砂玉尺經》內又尊崇廿四山納甲之法，並言：「**乾納甲，坤納乙**……」等，這種說法顯然是「固定格局」，若背熟其口訣則可使用矣。

由於作者又怕世人得訣後，恐易立廿四山正針而致犯煞，所以作者在《**審向篇**》說：

「**射破生方向。少差而就絕。衝傷旺位。針一轉以從衰。**」

又以內盤二十四山格龍，以外盤縫針立向收水用。其天、人、地三盤，其實不過將一般廿四山方位向後半格而排，另一個作向前半格而排，加上原來廿四山方位而成天、人、地三盤也。

而三合家又有《司馬頭陀水法口訣》。茲列如下：

「辛入乾宮百萬莊。癸歸艮位發文章。乙向巽流清富貴。丁坤終是萬斯箱。」

假若有人精於三元地理理氣口訣，當知三合家之法是非常合乎卦理的，只是將廿四山方位挨左挨右而矣。

歷代及當今皆有地師謂《平砂玉尺經》一書是假托劉秉忠先生之名而著，因為劉秉忠為元世祖所重用，精於陰陽術數，是風水奇才，助元世祖建都於北京城。

另在內蒙臥龍山（今多倫市約離北京以北二百五十公里）建元朝上都，既是元朝之大明師，又怎會著三合偽訣呢？

此說法表面有理，其實未必，若有得真訣之地理明師，既得真訣後，不欲公開天機，但又想以術利益天下，若真的如此而另作「固定格局」之風水學理亦未嘗不可。

此論皆有憑為據。例如楊公用廿四山說卦理，即如《青囊奧語》之：

「坤壬乙巨門從頭出。艮丙辛位位是破軍。巽辰亥是武曲位。甲癸申貪狼一路行。」

蔣大鴻先師在《古鏡歌》之《辨吉凶星照臨訣》云：

「乾山巽向一端看。破在午兮離不靈。輔在坤方煞上煞。弼在兌宮福便輕。」

先賢聖哲皆是用廿四方之方位說吉凶之理，足以證明真訣皆不錄之於書上，是心傳口授，若是公開真訣，則人人都是大明師，那用師父傳訣呢！

所以這本《平砂玉尺經》署名是劉秉忠先生所著，則未嘗無理啊！

若果真的將真訣公開，那麼看書的人，大大可以說自己是ＸＸ地理正宗，然後再著書稱自己是得真訣之傳人可也，個個是明師，那麼風水界勢必大亂矣。

而三合家二十四山天、人、地盤－是定法

大三元元空六十四卦內、外盤－是活法。

兩者皆有其作用及功能，世人有上、中、下智者，法不同而相配不同人。正如佛家所說：「諸法因緣生。諸法因緣滅。」

而法本無法，因眾生有不同之心，諸法則應運而生矣；筆者繼大師真想不到的是三合法給蔣大鴻先師辨致體無全膚，但繼蔣子之後，沈子又作《沈氏玄空》，得書不得訣而自悟玄空，豈不是步昔日三合法之後塵，若蔣子在世，定必再寫《沈氏玄空辨偽文》。

這沈氏又果真是昔日之劉秉忠心先生！哈哈！真真假假，一場遊戲吧！

《本篇完》

（十六）〈叢說〉〈三合源流〉張心言著 —— 繼大師註

〈三合源流〉

《原文》：蔣子辨玉尺諸僞。理固難誣。筆亦能達。閱者羣然稱快。顧或開卷。深知三合之非。而掩卷。又若三合為是。其故何與。一緣的派真傳。未經明白指示。則既無所折衷。一緣三合有可節取之數端。未能曲爲原諒。或又嫌矯枉之過正。

余既將秘旨盡情道破。則三合源流。不得不逐一分疏。蓋創是說者。當有高人。既得真傳。不肯輕泄浪示。而以呆板死格。傳中智以下之徒。俾之覓小就給衣食耳。其流弊至今。遂不可勝言。余（張心言）悉爲平心細校其源同流異之處。曲爲指出條列於左。

一三合盤卽易盤之隱謎。天盤上前半字。人盤退後半字。其上前退後之中線。將地盤「子、午、卯、酉、乾、坤、艮、巽」八宮交界之地。擘破中分。教人避兩宮雜亂耳。而陽儀陰儀地盤自已分清。固無藉天人兩盤也。

繼大師註：三合盤以廿四山之正位稱為正針，作立向之用，又稱為地盤。天盤稱為縫針，比地盤正針以逆時針方向超前半個山，即超前地盤正針半格，每個山有十五度，半個山為七度半。例如「子」山正針中間線位，等於在天盤正針之「子、癸」二山之交界線位置上，它又稱為外盤，天盤用作收水之用。

人盤稱為中針，比地盤正針後半個山，以順時針方向超前半個山，即前七度半，例如「子」正針中間線位，其位置在地盤正針的「壬子」界線上，人盤用作格龍消砂之用。因有天盤縫針及人盤中針的出現，當在四正四隅方立向消砂消水時，便能避開八宮交界線位之黃泉八煞，避免兩宮卦氣雜亂。

《原文》：惟創是盤者。不肯說明原故。後世遂謂地盤立向。人盤格龍。天盤收水。紛紛註解。我不知其何所據也。一如「亥、卯、未」收「卯」中「同人䷌」來龍。「亥」中「晉卦䷢」來水。「未」中「巽卦䷸」消水。是爲取合十貪狼。或收「卯」中臨卦䷒來龍。「亥」中萃卦䷬來水。「坤、未」中「升卦䷭」消去。是爲取卦反（覆卦）爻反（綜卦）。

繼大師註：臨卦䷒與萃卦䷬為覆卦關係。萃卦䷬與升卦䷭為綜卦關係。

反推之「巳酉丑、寅午戌、申子辰」以及「乾甲丁」四局仿此類推。其中各有可取之卦理。但以二十四字格之。則大謬矣。

蓋每一字有兩卦半在焉。其何以避兩宮雜亂。而收一卦純清乎。其謂消水。必歸「辰戌丑未、乙辛丁癸」者。彼亦知此四千四支中。各有父母卦在耶。惟以一字滿收。則有毫釐千里之弊。至借子平選日法。謂來取生旺。去歸墓絕。及以「寅午戌、艮丙辛」六字俱屬火之類。斯真不可解耳。

一如「坎龍、坤兔、震猴、巽雞、乾馬、兌蛇、艮虎、離豬」爲八煞。謂收「乾、坤、艮、巽、子、午、卯、酉」八龍。斷不可再收「辰、卯、申、酉、午、巳、寅、亥」之水。細推其義。即易課回頭剋之一爻。其實無關於地理。惟此八龍。適在八宮交界之地。格龍不清。兩宮雜亂。不必更收八支之水。而災禍已立至矣。

倘偏左偏右。收清一卦之龍。即收八支之水。亦復何害。況內有數局卦理本合。

繼大師註：廿四山之「乾、坤、艮、巽、子、午、卯、酉」八龍，其位置在三元六十四卦八宮交界線位上，易產生宮位雜亂，稍一不慎，容易犯上空亡線，來龍若犯空亡，收任何一方的水都一樣犯煞也。

《原文》：如嘉興三塔寺後。何墳勢取順中之逆。形取逆中之順。收「半巽」「履卦䷉」來龍。「半酉」「咸卦䷞」來水。非「巽雞」乎。龍取六運之九。水取九運之四。六九合十五。四九合生成。亦地元龍兼取貪狼之局。下元催官。此其明徵「巽☴」為四綠。「酉」為七赤。並可悟呆板三元之不足信也。

繼大師註：張氏在這裡說得很清楚，天澤履䷉來龍，收澤山咸䷞水，履䷉六運卦，咸䷞九運卦，合十五，地卦四六合十，天卦四九合生成。並強調「**亦地元龍兼取貪狼之局。下元催官。**」卦理已清楚顯露，須得真傳始悟。

《原文》：一如黃泉。俗以「甲、庚、壬、丙」之向。見「乾、坤、艮、巽」之水。在三合「臨官」方。謂之救貧黃泉。姑勿具論。而以「乙、辛、丁、癸」之向。見「乾、坤、艮、巽」之水。在三合「沐浴」方。謂之殺人黃泉。

不知「乾、坤、艮、巽」均爲一九分界之處。或收「乾、坤」中「訟䷅、否䷋」兩卦之水。而立「丁、辛」中「鼎䷱」與「小過䷽」之向。固屬非宜。

若立「丁、辛」中「大過䷛」「咸䷞」卦之向。與「訟䷅、否䷋」爲真夫婦。局向整齊。發福遠大。何黃泉之有。論「乾、坤」而「艮、巽」可知矣。

繼大師註：廿四山「辛、酉」二山之間為澤山咸卦䷞，「乾兼亥」山為天地否卦䷋，咸䷞否䷋二卦同是九運兄弟卦，天卦四九生成，地卦一六共宗，兩卦為生成夫婦卦。「丁、午」二山之間為澤風大過卦䷛，「坤兼申」山為天水訟卦䷅，大過䷛與訟卦䷅同是三運兄弟卦，天卦四九生成，地卦二七同途，兩卦為生成夫婦卦。故張氏稱「局向整齊。發福遠大。」

《原文》：黃泉列四。其實有八。其在八宮交界之地。與八煞同例。凡收龍收水。斷斷不可兩宮雜亂。若雜亂收龍。謂之八煞可也。雜亂收水。謂之黃泉可也。而俗法八煞。則龍兼水論。黃泉則水兼向論。增此兩層。而反輕其所重。畫蛇添足。勿爲所惑可也。

繼大師註：黃泉八煞即是在八大宮位之各兩宮交界處而產生雜亂，卦氣不清純而致犯煞，此處不可作收山、收水、立向，否則人丁夭絕。

《原文》：一三合家見「乾、坤、艮、巽」四隅有水。謂之四庫齊開。極加稱賞。按之於地。頗有奇驗。而不知其所以然。蓋「乾、坤、艮、巽」中有「四乾、四坤」在焉。或收四乾。或收四坤。或收兩乾兩坤。或一坤三乾。或一乾三坤。老少陰陽。並不夾雜。均與卦理局法有合。發祥綿遠。不亦宜乎。然則四正何獨不然。

繼大師註：這裡說「乾、坤、艮、巽」四隅方，其實可同用於「子、午、卯、酉」四正方。舉一例如下，廿四山「午兼丙」之乾卦䷀來龍，坐山為「巽兼巳」之地天泰卦䷊，向為「乾兼亥」之天地否卦䷋，水口為「子兼壬」之坤卦䷁，這是最大的格局，非超級之大龍穴不能得配。

乾䷀龍與泰䷊山，卦運一九合十，地卦同為乾☰，天卦乾☰坤☷合十。否䷋向與坤䷁水，卦運一九合十，地卦同為坤☷，天卦乾☰坤☷合十，龍與水為乾坤合十之貪狼父母卦，山與向亦乾坤合十，這卦局全部都是乾坤，卦氣極為清純。

此為一例，其餘還有很例子為乾坤配法，不能盡錄。故張氏說：「**或收四乾。或收四坤。或收兩乾兩坤。或一坤三乾。或一乾三坤……** 均與卦理局法有合。發祥綿遠。」

《原文》：一三合家亦極重對待。便知其源頭並不會差。夫既重對待。二十四字中。何字不可以對待乎。其貴陰賤陽。而專取「艮、丙、巽、辛、兌、丁、震、庚」八龍。及降陽龍爲次吉。棄四墓而不收。倒從番卦推出者。斷爲後人揑造無疑。

如海鹽長平倉北半里錢墳。收「癸」中「屯卦䷂」來龍。右浜插斷「癸」中「頤卦䷚」而「益卦䷩」有水送龍。立「未」中「巽卦䷸」九三爻之向。（巽卦三爻之向）而向上連疊（叠）數池。俱係「未」水「巽卦䷸」貪狼合局。

故不立本龍旺向。堂向生成。發福久遠。安見陽龍之不取墓。水之不收耶。

一大元空六十四卦。三百八十四爻。每卦每爻。各有取義。均可立向。乃羅經造一百二十分金。理已大謬。俗又只用四十八向。

試思生數成數。析之無內。推之無盡。而僅限以四十八向可乎。彼之取意。不過專重「丙、丁、庚、辛」四陰干之分金。其與番卦同時僞造可知也。

用爻之法。以所用一爻爲動爻。或取旺變旺。或取旺變衰。總要與龍向山水相配合。乃爲合法。

繼大師註：此處為用爻之法，《天玉經》〈內傳上〉末段云：「雙山雙向水零神。富貴永無貧。」張氏註疏云：「雙山如峽寬。而一六雙收者是雙向。乃用爻之法。如用乾上爻。為四九雙用。」

立乾卦䷀向，變上爻為夬䷪，為取旺變衰。

立夬卦䷪向，變上爻為乾䷀，則相反，作法要配合龍向山水。

《原文》：一謂「艮」龍不收「巽」水。「巽」龍不收「坤」水。「坤」龍不收「乾」水。按之於地。其驗者凶禍立見。其不驗者。亦反多獲福而不知。

此卽《青囊經》所謂「陰陽相見。陰陽相乘」之分也。如收「艮」中「天雷無妄䷘」之龍。兼收「巽」中「天澤履䷉」之水。陰陽相乘。災咎已可立待。

若雙收「艮」中「明夷䷣、無妄䷘」兩卦之龍。更兼收「巽」中之「泰䷊、履䷉」兩卦之水。此又《天玉經》所謂「龍中交戰水中裝」是也。禍不延踵。莫此爲甚。

倘收「艮」中「無妄䷘」之龍。而收「巽」中之「泰卦䷊」之水。或收「坤」中「升卦䷭」之龍。而收「乾」中「否卦䷋」之水。子息見父母。六秀遇三吉。發福最能久遠。乃三合家漫無區別。而概曰不收。是亦少所見而多所怪已。

繼大師註：張氏在此説卦例已很清楚，地風升䷭為二運卦之一，為地天泰䷊九運父母卦變初爻之子息。地火明夷䷣為三運卦之一，為地天泰䷊九運父母卦變二爻之子息。

天雷無妄䷘為二運卦之九，為天地否䷋九運父母卦變初爻之子息。天澤履䷉為六運卦之九，為乾䷀一運父母卦變三爻之子息。收龍立向，頗要小心，須要知其關係及龍水之零正收法，方能邀福。

《原文》：一三合家亦知正午向斷不可立。而叩其故。謂避南方火也。夫五行相濟則爲用。偏勝則爲災。如其偏勝。不獨火之燎原。不可嚮邇。（邇音爾，不可接近之意。）即「乾、兌」之金。白刃其誰敢蹈。而「震、巽」之木制梃。亦能破堅。（梃音挺，棍棒。）「坤、艮」之土坑險。並可傷人。然其所以斷不可立者。則又不在此也。

蓋正午向。在先天爲「乾☰、巽☴」兩宮雜亂之處。與八煞黃泉同例。正午既不可立向。而「乾、坤、艮、巽、子、卯、酉」七宮獨可立正向乎。術者倘能隅反。三合固尚有可通處也。

繼大師註：四正四隅正線不可立向，否則犯空亡，兩宮交雜，陰陽相乘，與黃泉八煞同例。張心言地師在此篇〈三合源流〉一文中，說得非常精彩，已將三元羅盤中之四正四隅方之卦例詳細解說，尤以父母見子息之卦例，細玩此篇自明。

《本篇完》

（十六）《三元偽法》張心言著　繼大師註

《原文》：蔣序曰。「近聞三吳兩浙。都有自稱得僕（蔣大鴻）真傳。自撰偽書。指為僕之秘本者。」

足見當時已是如此。迄今百餘年來。僞說更多。

繼大師註：1690 庚午年蔣大鴻著《地理辨正注》。1827 丁亥年張心言疏《地理辨正疏》。前後相距 137 年。

《原文》：余（張心言）所見抄本刻本。已有十數家。其未見者。更不知其凡幾。余（張心言）亦無暇與之辨駁。夫燕石何能亂玉。魚目豈便混珠。故只將諸僞說。條列於後。以待明眼者之自爲棄取也。

一說以先後天八卦。畫填成格。以先天八卦格龍。後天八卦立向格消水。而來水則勿論也。其卦中爻陽者左轉。中爻陰者右轉。

如「辰、巽、巳」先天兌卦。中爻陽則「巳」爲初爻。「巽」爲中爻。「辰」爲上爻。中爻陰者反是。或收「辰」龍。則「兌」變爲「乾」。立午向。則後天離亦變「乾」。撥「庚」上消水。則後天「兌」亦變「乾」倘撥「丑、艮」兩字消水。則後天「艮」又變「乾」。七卦仿此。調合：「乾山乾向水朝乾」諸局。餘無別義可推。見抄本。

繼大師註：這些似是而非的廿四山說卦理之論，令人迷惘，自創偽術，離開易盤六十四卦遠矣，不讀也罷。

卦圖錄附

陰陽順逆　山水卦氣

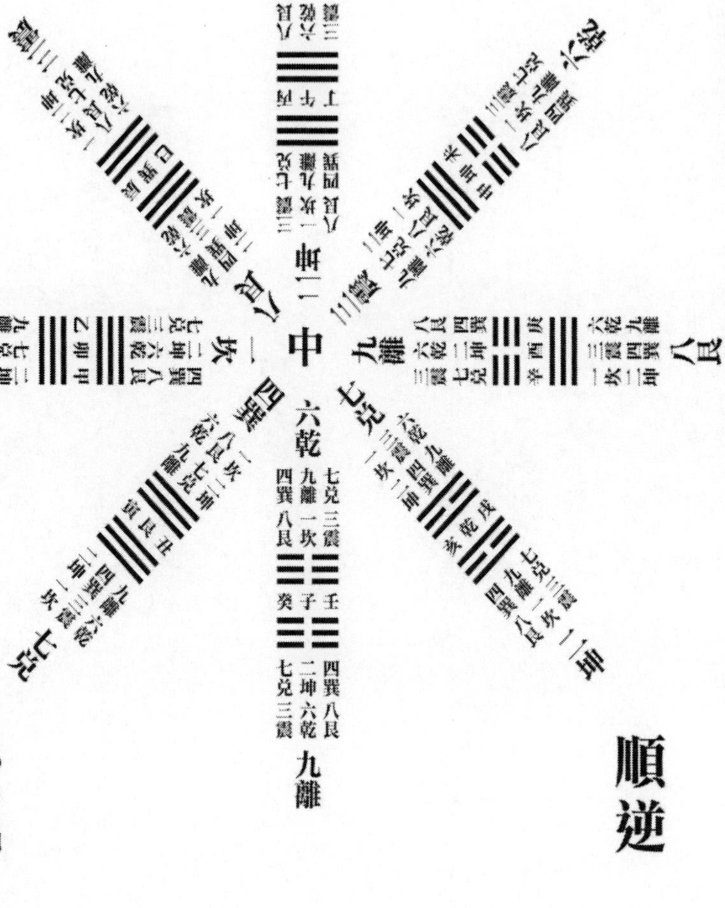

一名《金書祕奧》首頁題無極子心法五字。有真傳心印。誓不妄傳。九運八局。及騎龍攀龍等格。

其六十七圖。如一白運坎卦司令。取領龍。（領音合，即下巴。）浜插入乾上。乾為六白。謂之一六共宗。前向「巽」水。亦取對待。

倘領龍（領音合，即下巴。）浜插至於「亥」上。則向「巳」水。插至「戌」上。則向「辰」水。

而三局消水。又分挨「甲、卯、乙」三字同為輔星。其挨星之法。統論一卦。不分陰陽順逆。又與他說不同。九運仿此。見抄本。

節錄三圖附。

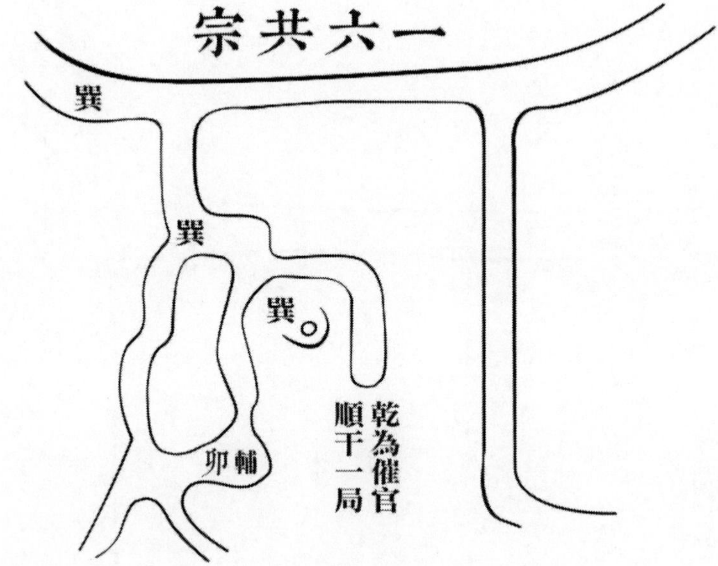
一六共宗
巽
巽
巽
乾為催官
順干一局
卯輔

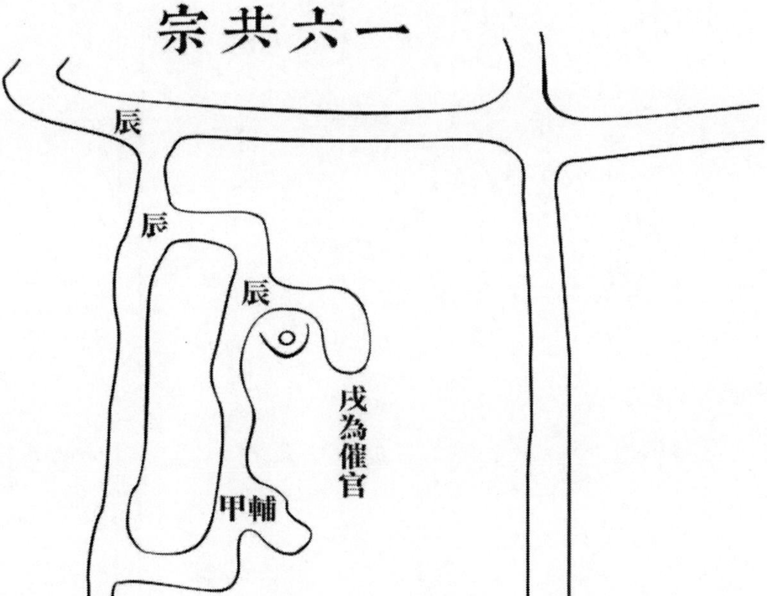
一六共宗
辰
辰
辰
戌為催官
甲輔

一六共宗

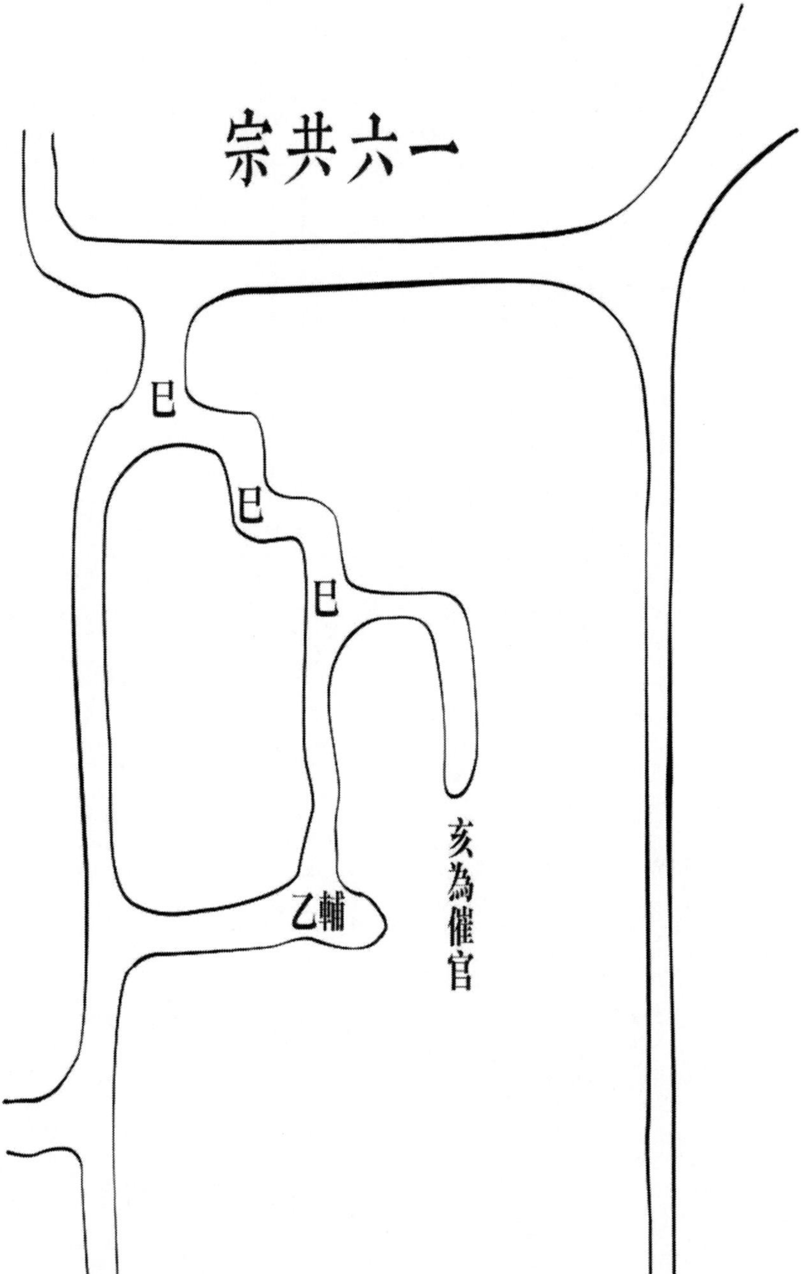

一名補救水神圖。以「乾、坤、艮、巽」配「子、午、卯、酉」。「乙、辛、丁、癸」配「寅、申、巳、亥」。「甲、庚、壬、丙」配「辰、戌、丑、未」。

如收「子、午、卯、酉」之水。則立「乾、坤、艮、巽」之向。收「乾、坤、艮、巽」之水。則立「子、午、卯、酉」之向。餘仿此。有挨星總圖。

一又龍向挨星二十四圖。以「乾、亥、壬、艮、寅、甲、巽、巳、丙、坤、申、庚」十二神爲陽。

順挨九星。以「丑、癸、子、戌、辛、酉、未、丁、午、辰、乙、卯」十二神爲陰。逆挨九星。抽去廉貞歸中不用。

如「子」龍「巽」向。其龍上挨星。以子爲貪。乾爲巨。逆輪。又卽將龍之貪狼加於「巽」上。其向上挨星。以「巽」爲貪。「午」爲巨。

《順輪訣》曰：

「貪狼子癸與甲申。壬卯未坤乙巨門。四六宮中皆武曲。酉辛丑艮丙破軍。寅午庚丁四位上。右弼之星次第臨。將山作主翻臨向。逐位逐爻順逆輪。貪輔吉凶隨運轉。廉歸五位不同論。旋飛四位流神住。庚向辛方空位名。若有水口來衝到。衝破陰陽多受驚。」

則圖中空位。並忌水之去來。見抄本。

繼大師註：這些全是偽法，可以不理。

節錄三圖附

水龍挨星圖

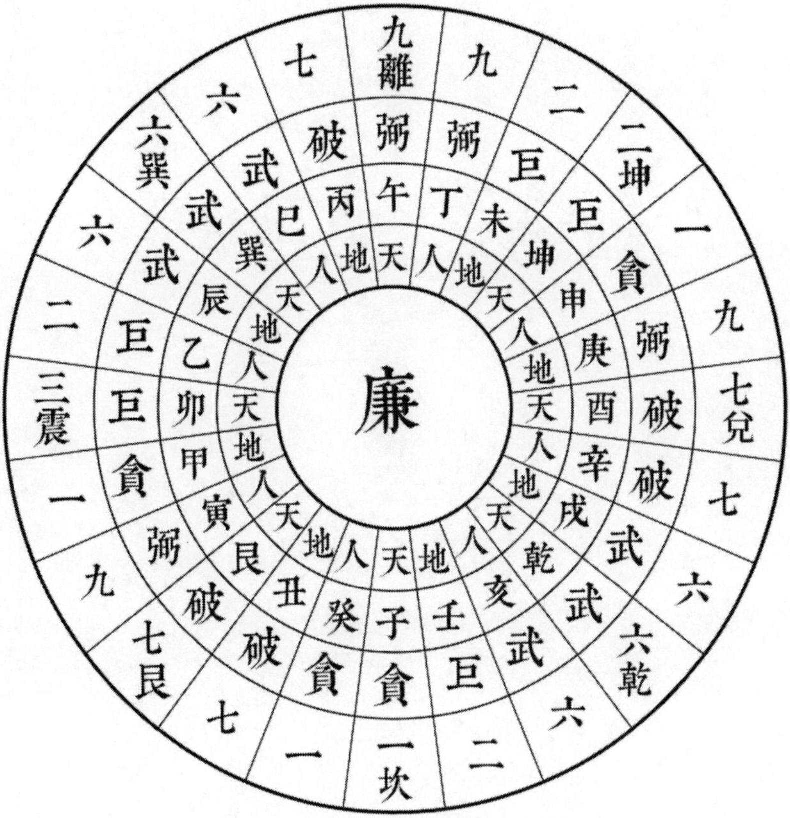

艮寅甲巽巳
丙坤申庚乾
亥壬十二字
原圖紅字

內盤子龍午水

巽向順子一局

內盤壬龍丙水

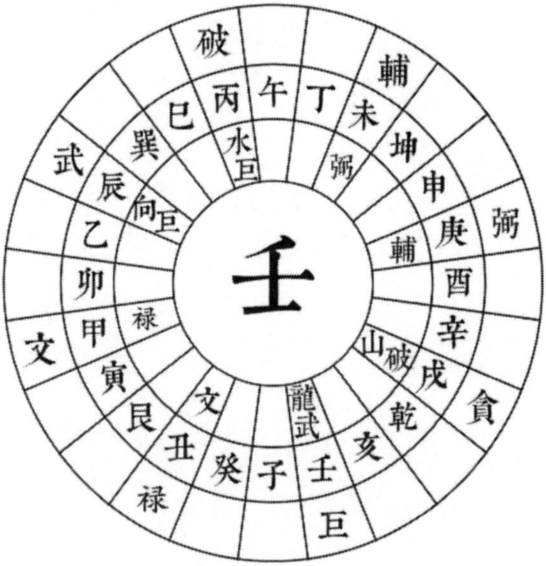

辰向逆子一局

兩圖中原填紅字與前一圖同

《原文》：一《乾坤法竅》其取用二十四字。塡紅黑。分陰陽順逆。與補救水神圖畧同。又分疏「子、午、卯、酉」配「乾、坤、艮、巽」。右行爲南北八神。爲父母卦。爲天元龍。「寅、申、巳、亥」配「乙、辛、丁、癸」亦右行。爲江西卦。爲人元龍。爲順子局。

「辰、戌、丑、未」配「甲、庚、壬、丙」。左行爲江東卦。爲地元龍。爲逆子局。

人元則可兼天元。爲其順父母而右行也。地元不可兼天元。爲其逆父母而左行也。而天元則俱可兼。如「乾、坤、艮、巽」可半兼「辰、戌、丑、未」。謂有合於《寶照經》諸說。

而同一天元在「子、午、卯、酉」。又以爲不可兼「甲、庚、壬、丙」。其所推挨星圖。只載順挨十二神。而逆挨十二神未列於圖。用九星以「貪、巨、武、輔、弼」爲吉。餘者爲凶。見刻本。（圖不錄。）

一《天玉經》補註。其分紅黑、陰陽、順逆。亦與補救水神圖同例。而挨星則以九星飛輪八宮。值某星入中。則去某星。不用與廉歸五位。又各不同。訣曰。「坤、壬、乙、未、卯」五位巨門星。「艮、丙、辛、酉、丑」之宮破軍停。

「巽、辰、乾、戌、巳」屬武曲位。「甲、癸、申、子」宮。貪狼一路行。「寅、午、丁、庚」位。還從右弼轉。大元空挨星妙訣從此衍。

上元取「貪、巨、祿」爲吉。中元取「文、廉、武」爲吉。下元取「破、輔、弼」爲吉。反是則凶。謂八干四維。分配十二支。卽是天德。

如正月「寅」建。天德在「丁」。二月「卯」建。天德在「坤」。三月「辰」建。天德在「壬」。是以「乙、辛、丁、癸」配「寅、申、巳、亥」。「子、午、卯、酉」配「乾、坤、艮、巽」。「辰、戌、丑、未」配「甲、庚、壬、丙」也。

又謂三合。即是月德。如「甲」木長生在「亥」。「亥、卯、未」月。月德在「甲」。「丙」火長生在「寅」。「寅、午、戌」月。月德在「丙」。

繼大師註：「三德」是在《正五行擇日法》之修造中。日課四柱之天干與地支的關係，以陽天干之五行為主，地支以「辰、戌、丑、未」之月為陽天干五行之月令。即是：

「甲、己」年干，以「甲」木為主，地支「亥、卯、未」合木局，「未」為木庫，（墓庫之月）逢「甲、己」年之「未」月，則以「甲」或「己」為「天德」，因為是當令之月，故又是「月德」。

又「甲、己」年干為太歲，故是「歲德」，「甲」或「己」年之「未」月為「天德、月德、歲德」三德齊臨之月。

如「甲子、甲寅、甲辰、甲午、甲申、甲戌、己丑、己卯、己巳、己未、己酉、己亥」等年。其「未」月則為三德齊臨之月。

「庚、乙」年干，以陽干「庚」金為主，地支「巳、酉、丑」合金局，「丑」為金庫，逢「庚、乙」年之「丑」月（墓庫之月）為三德齊臨之月。

如「庚子、庚寅、庚辰、庚午、庚申、庚戌、乙丑、乙卯、乙巳、乙未、乙酉、乙亥」等年，其「丑」月則為三德齊臨之月。

「丙、辛」年干。以陽干「丙」火為主，地支「寅、午、戌」合火局，「戌」為火庫，逢「丙、辛」年之「戌」月（墓庫之月）為三德齊臨之月。

如「丙子、丙寅、丙辰、丙午、丙申、丙戌、辛丑、辛卯、辛巳、辛未、辛酉、辛亥」等年。其「戌」月則為三德齊臨之月。

「壬、丁」年干，以陽干「壬」水為主，地支「申、子、辰」合水局，「辰」為水庫，逢「壬、丁」年之「辰」月（墓庫之月）為三德齊臨之月。

如「壬子、壬寅、壬辰、壬午、壬申、壬戌、丁丑、丁卯、丁巳、丁未、丁酉、丁亥」等年，其「辰」月則為三德齊臨之月。

「戊、癸」合火，以「戊」土干為主，因沒有三合合土之地支，故「戊、癸」之年，沒有三德齊臨之月。

《原文》：又謂元空三合。分而爲二。合而爲一。推是說也。則「子、午、卯、酉」亦可配「甲、庚、壬、丙」。何彼立說。又與《乾坤法竅》相同。謂「子、午、卯、酉」獨不可配「甲、庚、壬、丙」耶。有兩儀三元九宮挨星。前後共十二圖。見刻本。

（節錄二圖附。）

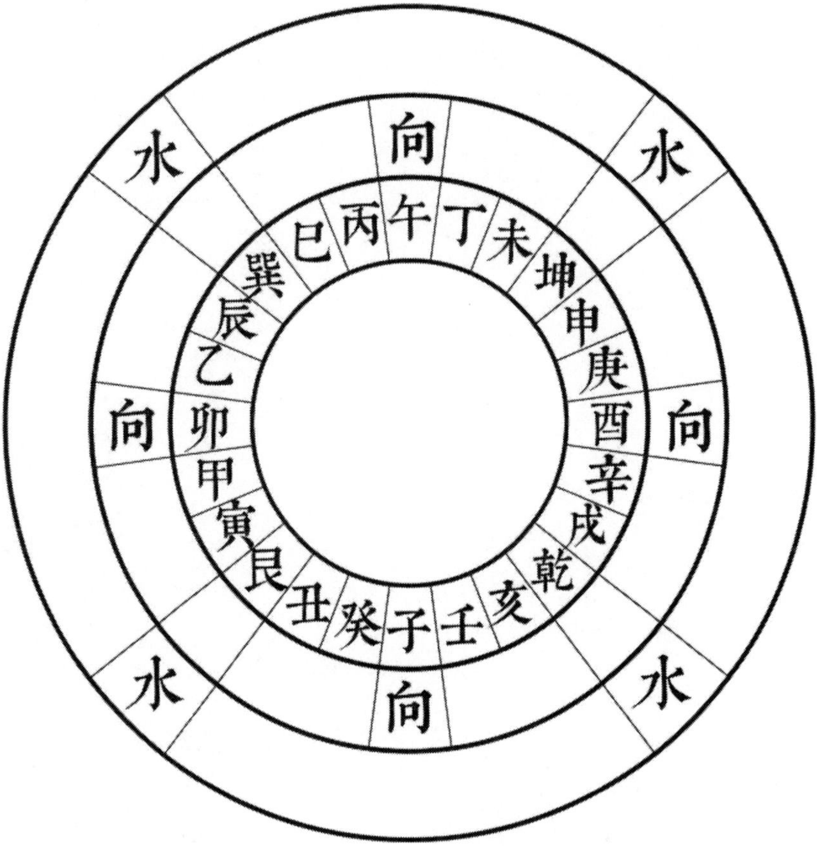

艮寅甲巽巳
丙坤申庚乾
亥壬十二字
原圖紅字

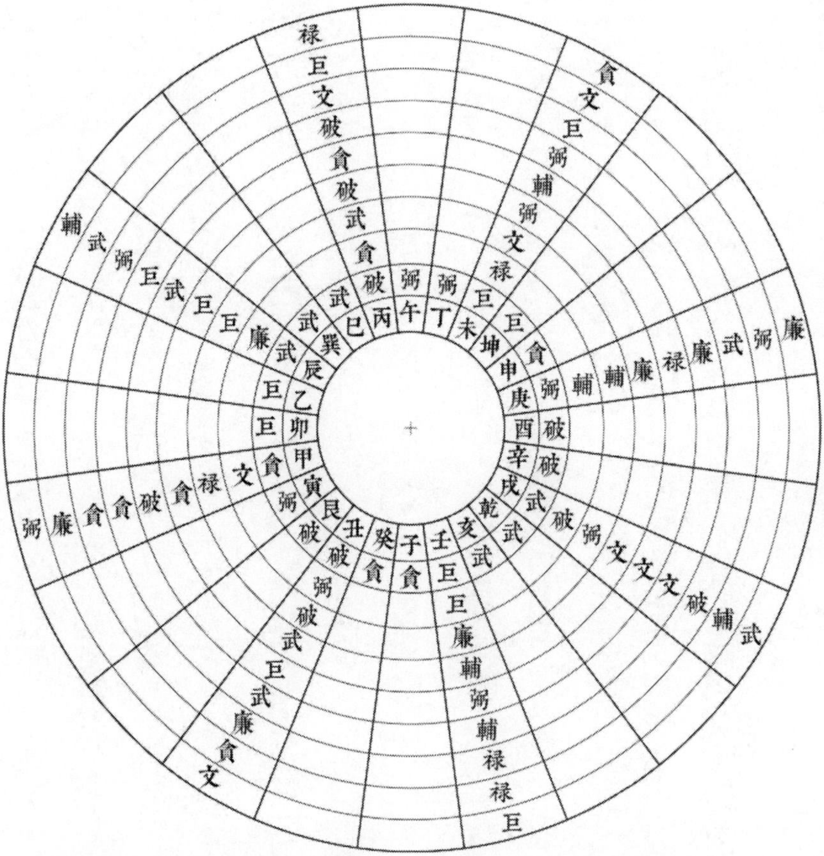

艮寅甲破
弼貪巽巳
丙武武破
坤申庚巨
貪弼乾亥
壬武武巨
二十四字
原圖紅字

《原文》：一《羅經解》取六十四卦配六十花甲。其數不齊。遂抽去「乾䷀、坤䷁、坎䷜、離䷝」不用。謂此四卦無反對也。然則何不並去「大過䷛、小過䷽、中孚䷼、頤䷚」四卦之無反對者耶。其意不過欲以六十卦。配齊六十花甲之數。其用法更無庸爲之贅述矣。

繼大師註：「乾䷀、坤䷁、坎䷜、離䷝」及「大過䷛、小過䷽、中孚䷼、頤䷚」八個六十四卦，其綜卦不變，即倒轉來看亦是一樣，稱為「爻反」，因卦象不變，故兩者均為一體卦，為不動卦。

《原文》：一《地理錄要》所採巒頭諸說。類皆醇正。所錄二卦三山九運挨星諸法。渠亦心疑。頗致辨駁。惜無所折衷耳。其辨一卦三山曰。父母卦中之「乾、坤、艮、巽」既可兼地元中之「辰、戌、丑、未」。謂有合於《寶照經》「辰、戌、丑、未」地元龍。「乾、坤、艮、巽夫婦宗」二語。則「甲、庚、壬、丙」亦「子、午、卯、酉」之子息。何以又不可兼。豈四隅之父母可兼子息。而四正之父母獨不可兼子息乎。

殊不可解。又曰。一卦三山。左右分陰陽順逆。猶之可也。乃曰參前一位。「壬」可屬「乾」。「甲」可屬艮。以此分江東江西。終屬出卦。某實未敢深信。其辨挨星之非。有五不可信。又曰。單論元運之衰旺。而九星自在其中。又何必勉強拉入。致多後起之葛藤耶。

惜伊未得真傳。所論衰旺。未能的當。而九星自在其中。一語悉中道竅。何其識見之過人耶。見刻本《挨星七訣》與所錄者詞異意同。不錄。

一《地理辨補義》其書分四種。闡發巒頭處頗有可觀。《補義》其一種也。論陰陽順逆。分三元九星。亦與補救水神圖同例。惟論天元之兼地元。則與諸家不同。謂天元中之「子、午、卯、酉」。亦可兼地元中之「甲、庚、壬、丙」。將《寶照經》天元一節。翻出四十八局。

曰「子、癸、午、丁」天元宮。「卯、乙、酉、辛」一路同。若有山水一同到。半穴乾坤艮巽宮。取得輔星成五吉。山中有此是真龍。（爲天兼人四局）

「子、壬、午、丙」天元宮。「卯、甲、酉、庚」一路同。若有山水一同到。半穴「乾、坤、艮、巽」中。取得輔星成五吉。水中有此是真龍。（爲天兼地四局）

「乾、亥、巽、巳」天元宮。「甲、申、艮、寅」一路同。若有山水一同到。半穴「子、午、卯、酉」宮。取得輔星成五吉。水中有此是真龍。（爲天兼人四局）

「乾、戌、巽、辰」天元宮。「坤、未、艮、丑」一路同。若有山水一同到。半穴「子、午、卯、酉」中。取得輔星成五吉。水中有此是真龍。（爲天兼地四局）

「癸、子、丁、午」人元宮。「乙、卯、辛、酉」一路同。若有山水一同到。半穴「寅、申、巳、亥」宮。取得貪狼成五吉。水中有此是真龍。（爲人兼天四局）

「壬、子、丙、午」地元宮。「甲、卯、庚、酉」一路同。若有山水一同到。半穴「辰、戌、丑、未」中。取得貪狼成三吉。水中有此是真龍。（爲地兼天四局）

「亥、乾、巳、巽」人元龍。「申、坤、寅、艮」一路同。若有山水一同到。半穴「乙、辛、丁、癸」中。取得貪狼成五吉。山中有此是真龍。（爲人兼天四局）

「戌、乾、辰、巽」地元龍。「未、坤、丑、艮」一路同。若有山水一同到。半穴「甲、庚、壬、丙」中。取得貪狼成三吉。山中有此是真龍。（爲地兼天四局）

又謂人地兩元。陰陽不同行。卦氣不相合。爲仇家。然印證山龍。發福墳宅。多有人地兼用者。蓋天地生成有雜局。不得得不雜扞之也。

翻雜局曰。「亥、壬、巳、丙」人元龍。「寅、甲、申、庚」一路同。若有山水一同到。半穴「乙、辛、丁、癸」宮。取得雜氣合地力。山中有此非假龍。（爲人兼地四局）

「壬、亥、丙、巳」地元龍。「甲、寅、庚、申」一路同。若有山水一同到。半穴「辰、戌、丑、未」中。取得輔弼兩元吉。山中有此雙下龍。（爲地兼人四局）

「乙、辰、辛、戌」人元宮。「癸、丑、丁、未」一路同。若有山水一同到。半穴「寅、申、巳、亥」中。取得雜卦合地力。山中有此假福龍。（爲人兼地四局）

「辛、戌、乙、辰」地元宮。「丑、癸、未、丁」一路同。若有山水一同到。半穴「甲、庚、壬、丙」中。取得雜卦合地力。山中有此雙收龍。（爲地兼人四局）

以上十六局合上一節。謂卽《青囊序》其成四十有八局也。其註人地兩元。又曰。余翻動一節。正未盡此兩節之妙。欲再就此兩節翻動。勢必以辭害意。因缺之以挨智者。其推演元運。有如此者。餘亦無甚確論。見刻本。

一名八塊頭。如收到「艮」龍。水必「坤」來「卯」去。爲取「坤、艮」合十。「震、坤」合五。收坤龍。水必「艮」來「兌」去。爲取龍水合十。去來合十五。其八宮兩旁干支。倘來龍在本卦。參前一字。則去來水。亦各照本卦。參前一字。退後者亦如之。八宮同例。

立向則整對來水。八白運則收「艮」龍。九紫運則收離龍。謂此即的派真傳也。（有訣無書）

一《辨正直解》。及《辨正再辨》。論文理。則直解較勝。然於辨正均無發明處。閱者當自知之。見刻本。

附《天元歌》及《天元餘義》。俱爲大鴻氏真本。然皆辨正之遭洎。不知卦理。看之無益。既知卦理。看之尤無益。《水龍經》亦爲大鴻氏手定。僅可爲初學入門。辨平陽星體之用。

總由蔣子不肯說明的派真傳。而又要人信從。故辭愈泛而旨愈晦也。惟《天元第五歌》〈論七政選日法〉最爲切當。惜言太簡畧耳。欲習《七政選日》。閱近時所出星學諸書。頗有精詳者。

近有術家理氣宗《乾坤法竅》。而巒頭則創爲奇異之論。謂龍氣到頭。有隔浜穿渡者。不知龍當行時。機勢甚疾。故有朋山共水。渡海、渡湖、渡池之跡。

繼大師註：朋山為「崩」，共水為「洪」，指行龍所出現的「洪崩」現象，出現石塊，水流突然下瀉，成一瀑布，傾流而下。

《原文》：及至到頭。幾經剝卸。氣已從容柔順。浜水用作迎神領氣。斷無穿渡之理。萬卷青囊。從無此說。古今流傳。亦未聞有是荒誕不經。本不足論。因鹽城頗有信從之者。特附辨之。

繼大師註：風水理氣之法，代代層出不窮，真真假假，混雜其中，真的沒法申辨，隨個人緣份而信受，自負因果，再辨也無益處，正如〈推背圖〉終結句所說：「不如推背去歸休。」

《本篇完》

（十六）《形理總論》張心言著　繼大師註

《原文》：不知巒頭者。不可與言理氣。不知理氣者。不可與言巒頭。精於巒頭者。其盡頭工夫。理氣自合。精於理氣者。其盡頭工夫。巒頭自見。蓋巒頭之外無理氣。理氣之外無巒頭也。

繼大師註：以山崗龍結穴而言，真龍在行進間左右必有守護山脈，至到頭一節擺動，生出星丘，丘下落脈，左右有侍脈守護，微微界水分出兜抱，脈氣至平托處而止，穴結托後之脈。

穴向必以龍虎侍脈之方向而定出，前朝案山多必在穴前中間，或有特朝之山峰作正向，可以說是天生自然。

地大則卦向多屬父母貪狼，地小則多屬地元卦向，中等之穴地則多屬人元卦向，中上等之穴地則多屬天元卦向；此謂之巒頭配合理氣，自然立局。

《原文》：夫巒頭非僅龍穴砂水。略知梗概而已。必察乎地勢之高下。水源之聚散。砂法之向背。龍氣之厚薄。

遠求之十里二十里。近得之一二里之間。然後細審穴情。辨其真僞。或堂寬局固。砂水遠應。則挨左挨右。寸寸是玉。

一地非止一穴。雖得氣有深淺之殊。而獲效無吉凶之異。或堂局緊巧。砂水近應。則邊死邊生。毫釐千里。

一地止容一穴。甚或有取臨邊。有取掛角者。不礙奇而法也。然古來名墓正堂正局。立向整齊者十之八九。飛邊釣角。出向歪斜者。百僅一二。是亦不可不知。

總要平時高瞻遠矚。屏棄諸家僞法。某字吉。某字凶等說。專從巒頭求其天然之地。天然之穴。天然之向。蔣氏所謂：「但當論其是地非地。不當論其屬何卦體。屬何干支。」

繼大師註：這裏說明真龍結穴之名墓，其堂局肆正，立向整齊，多達八至九成。飛邊釣角，出向歪斜者，僅一至三成。有一些山崗龍穴，穴前有橫闌一案，但堂局出現在穴之左前方或右前方，這樣穴之立向切不可扭歪而斜向堂局，貪圖堂局立向，必然產生凶事之尅應，切記！切記！

《原文》：蓋真龍真穴。自無兩宮雜亂之龍。兩儀差錯之水。此巒頭合理氣之說也。古人為人卜葬。或斷初年鼎盛。或斷遲之而應。或遲之又久而後應。

蓋未嘗不知三元易理。而龍穴既真。則應之遲速。在所不論。惟適當二十年煞龍煞水之時。則雖屬吉壤。必有咎徵。當知謹避耳。

倘於巒頭既不深求。又復長生墓庫纏擾胸中。則地之真偽。且不能辨。更何論力之大小輕重乎。即使偶然尋得地來。為能恰好扦得穴正。

經曰：「地吉葬凶，與棄屍同。」蓋謂此也。而理氣非僅六十四卦、八盤九運已也。必有取乎卦之反對，有取乎爻之反對。

繼大師註：平洋地之真龍結穴，立向以配合水法為重，來龍本身沒有出現兩宮雜亂之到頭一節，沒有出現兩儀差錯之水，用巒頭配合理氣。近水當元，則葬後初年鼎盛，若貼身近水失元，次之近水當元，則先凶後吉，如此類推。「卦之反對」即覆卦，「爻之反對」即綜卦。

《原文》：有取乎老少陰陽之能分，有取四正四隅之不雜。如局內龍水俱近，不能左右挨加，則下穴有一定之理。

一地只收一運之龍，倘局內龍近水遠，水近龍遠，則左右量挨遠收之卦不變，而近收之卦可移，是臨時有權宜之用。一地或兼收二運之龍，固有同此穴向，前人葬此因凶，遷去後，人葬之反獲吉效者有。

煞運已退。旺運將來。或還改洩氣。而益見其凶。能守舊待時。而漸見獲福者是。皆運爲之也。宜在平時晝熟卦爻。多方覆按。故家墓宅。某時凶。某時吉之理。專從理氣推尋。何謂得運。何謂得令。何謂逢煞。

蔣氏所謂：「**卦氣之死絕。地氣之大。死絕也。卦氣之生旺。地氣之大。生旺也。**」

蓋一卦收龍。諸卦收水。盡皆合法。斷非不等之地可知。況必逐節推論。則龍之起處。水之來源。消之外口。必真龍正結。才能兩片三义。分毫不爽。若分枝擘脈。旁結砂結。安能有是。此理氣見巒頭之說也。

若僅以貼近兩浜。一水一山。拉扯合運。或值二十年得運。得令之時。頗有近功小效。然斷難補救於將來。傳曰。「**蓄之無門。止之無術。**」蓋謂此也。是書之論。巒頭重在龍穴。借驗水神。其曰。「**先看金龍動不動。天下軍州總住空。**」是指縣府城池。動之大者而言也。

龍不能自動。必得水之衝激。繞抱有空處。而後有動處。其來源或四十五十里。而始一曲去水。或十里二十里。而始一折。其中停蓄之水。抱城流轉城內。小水引入。朝於堂前。而前後左右。煙火萬家。鍾靈毓秀。無非空動處也。

夫來源既極遠大。中間豈無水之界斷處。不知水既深濶。龍必深厚。小港小河。何足以斷之。但看水從何處來。龍即從何處到。更何拘於穿河渡水。剝換過峽耶。

其動大者。則大用之而已。其曰。「**立穴動靜中間求。下砂收鎖穴天然。**」是指鄉村墓宅。動之小者而言也。龍之確有動處。必得下砂橫攔。逆抱有鎖處。而後有動處。非若軍州大地。不用砂關發福久。水口相交不用砂也。

全圩之內。(圩－墟)只看其港水浜水。一曲一折。一闊一狹。凡所謂穿田過峽。高低尺寸。收來拱來。魚鱗疊浪。不必枝節求之。而自能瞭如指掌。特以軍州相較。力量懸殊。焉其動小者則小用之而已。

夫下砂在消水。一邊既重下砂。則來水去水必有間矣。姜氏謂。「向上之水不論去來。大抵謂來去均要合卦。均宜就旺。不得以去水忽之。」

即「龍要合向。向要合水。」之義也。向上指向之左右。非謂對去水也。夫去水非不可向。必去水短闊。下砂兜抱。斯為合法。

姜氏不兼下砂。立論終有語病。無怪近世不問下砂何如。竟有整對去水而立向者。坐空之義。所以解俗學。撐頂後龍之惑。而世乃有立沿邊蘸水之穴者。

又有誤解水來即是龍到。謂收「坤」水便是「坤」龍。收「壬」水便是「壬」龍。更有誤解**「江南龍來江北望。」**謂收「坤」水便是「艮」龍。收「壬」水便是「丙」龍。是前人專就平洋水法。指明看地捷徑。而後人反因捷徑走入迷途。種種僻見。自誤誤人。可勝悼哉。

是書之論理氣。重在配合。帶說衰旺。其曰：**「知其衰旺生與死。但逢死氣皆無取。」**夫得運爲旺。失運爲衰。得運而兼得令者爲生。失運而又與令相反者爲死。生旺固可用。而衰亦尚可取。但不能驟期吉效。故曰：**「生旺有吉休囚否也。」**若死氣。則一無可取。

上文生旺衰死並提。而下文所云無取。則單指死氣。不兼衰論。其命意從可知也。其曰：**「生剋制化須熟記。配合生生妙處尋。」**

繼大師註：平洋龍重於水流的屈曲兜轉，抱穴有情為主，水忌直來直去，反弓斜飛及尖剋無情。水流之流神卦氣，尤其重要，主宰衰旺生死，得運為旺，失運為衰。重點為：**「得運而兼得令者為生。失運而又與令相反者為死。」**

《原文》：夫龍以生爲生。水以剋爲生。龍不當旺。而水合運。則以水制之。水不合運。而龍當旺。則以龍化之。然非勉強生剋之制化之。必由卦理自然配合。

所謂「生生妙處」也。卷中諸法俱備。一無遺漏。引而申之。觸類而長之。地理之能事畢矣。而少之者。或曰。是理氣書耳。不知推原父母。眞理氣卽是眞巒頭。

凡山地幹龍。平洋幹水。都屬父母卦。故來源無取。屈曲去口。不用砂關。是形勢而兼以勢勝者。固無論已。卽以支水所結小地觀之。

古不云乎。貪外局而脫內局倚傍。別家門戶。有內局而無外局。依稀小就規模。而倒排則內外兼收。其來水之之元。去水之曲。折上下砂之左抱右抱。試將順逆四十八局。按卦推圖。何等理氣。何等巒頭。自當了悟。

乃蔣子患三合之亂眞而作辨正。而不知近時之患。卽在三元。余（張心言）故有是疏也。顧無蔣子一番鄭重。祕密於前人。或得之而不爲貴。無僕（張心言）一番反覆推詳。於後人或慕之而不能得。然則是書之顯晦。豈人事之偶然云乎哉。

繼大師註：平洋龍要形格成穴，水流在形勢上均符合結穴條件，砂水轉抱，此為首要條件，配合來去水口，以定元運之衰旺，若能配合當元旺運，方可立向下穴，此謂之：

「**巒頭合理氣**。」

這是何等重要啊！

《本篇完》

（十七）〈附考〉張心言著　　繼大師註

〈附考〉說明：這是武陵出版社版本《地理辨正疏》內最後一篇文章，附着張心言所著〈形理總論〉之後。竹林出版社出版的版本，則放在最後第二篇內，最後一章就是張心言之姪兒張南珍的跋文，竹林版本的編排較為合理。

這〈附考〉並沒有註明是誰人所著，但細心留意之下，發覺是張公註疏完畢後，他將古人名家對於易經的著作及書籍的撮要而輯錄，並撰寫成文，有孔穎達、繫辭傳（孔子撰）、程頤、朱熹、史記（司馬遷撰）、周易（伏羲、周公、周文王、孔子撰）、邵康節、丹鉛總錄（楊慎撰）、唐會要（王溥撰），然後附錄在書後，最後是朱爾謨撰文，註者繼大師特此說明。

《原文》：孔穎達曰：「原夫易理難窮。雖復玄之又玄。至於垂範作則。便是有而教有。若論住內住外之空。就能就所之說。斯乃義涉於釋氏。非為教於孔門也。」按卷中「元空」二字。取義本此。《繫辭本義》六爻。初二爲地。三四爲人。五上爲天。胡氏一桂曰：「上下體雖相應。其實陽爻與陰爻應。陰爻與陽爻應。若皆陽皆陰。雖居相應之位，則亦不應也。」

繼大師註：《繫辭本義》即《周易本義》分〈繫辭上傳〉及〈繫辭下傳〉為伏羲氏、周公、文王所作，孔子所述，宋、朱熹撰。六十卦中各有六爻，由最低數起，初爻、二爻比喻地，三爻、四爻比喻人，五爻、上爻比喻天。

《原文》：吳氏澄曰：「吉凶悔吝。象人事之得失憂虞。變化剛柔。象天地陰陽之晝夜進退。」是六爻兼有天地人之道也。按前一說。重比爻。後兩說。重應爻。周易析中三說並存。今《都天寶照》以初四爲天。二五爲人。三上爲地。是重應爻。兼即吳氏六爻。各具三才之說。而專以一索、再索、三索。分獲效之遲速也。

繼大師註：六十四卦中之六爻，分別有「世爻」及「應爻」，文王卦中稱「世應」，以初爻、四爻為天，二爻、五爻為人，三爻、上爻為地。

在推算三元六十四卦卦運中，以《都天寶照經》中所說的「世應之爻」而定卦運，此不同文王卦中「世應」爻之用法。陽爻稱九，陰爻稱六。例如「雷火豐卦䷶」，初爻陽爻「初九」，四爻陽爻「四九」，初爻與四爻比較之下為不變，不變為陰。

二爻陰爻「二六」，五爻陰爻「五六」，二爻與五爻比較之下為不變，不變為陰。

三爻陽爻「三九」，上爻陰爻「上六」，三爻與上爻比較之下為變，變為陽。

初爻與四爻為陰，二爻與五爻為陰，三爻與上爻為陽，得出之卦象為「艮☶」卦，先天數是六，故「雷火豐卦䷶」為六運卦。

《原文》：程子曰：「有理而後有象。有象而後有數。」得其義則象數在其中矣。必欲窮象之隱微。盡數之豪忽。乃尋流逐末。術家之所尚。非儒者之所務也。管輅、郭璞之學是也。按蔣氏推原管郭本此。

朱子曰：「先天圖非某之說。乃康節之說。非康節之說。乃希夷之說。非希夷之說。乃孔子之說。」當時諸儒既失其傳。而方外之流。陰相付受。以爲丹竈之術。（竈－灶）至希夷、康節。乃反之於易。而後其說始得復明於世。按蔣傳引證丹術本此。

繼大師註：《易經》是伏羲氏，仰天觀象後而劃出陰陽二爻，繼而得出八卦，後經周公、周文王、孔子加著，為《易傳》，分七種十篇，為《文言》、《彖辭》、《象辭》、《繫辭傳》、《說卦傳》、《序卦傳》、《雜卦傳》。

因為解釋詳盡，好像給易經插上翅膀，故稱為「十翼」。後來陳希夷加方圓圖，就是三元羅盤內外盤六十四卦的排列次序，又有邵康節、程顥（顥音浩）等理學家發揚光大，朱子著《易學啟蒙》，使易學得以盛行於中國。

《原文》：《史記》〈天官書〉斗爲帝車。運爲中央。臨制四鄉。分陰陽。定四時。均五行。移節氣。《漢書》〈北斗〉。天之喉舌。斟酌元氣。運平四時。

《晉書》〈天文志〉曰：魁一星「天樞」主天。二曰「璇」主地。三曰「璣」主人。四曰「權」主時。五曰「玉衡」主音。六曰「開陽」。主律。七曰「瑤光」主星。」

《春秋》〈運斗樞〉曰：「北斗七星。一至四爲魁。五至七爲杓。杓合斗。居陰佈陽。」故稱北極。《叢書》〈天官考〉。北斗只七星。或曰九星。爲九州象。其二星常隱而不見。

按上五說。並無「貪狼」等名。又《考儀象志》〈三垣十二次舍〉。紫微垣中有「四輔、上輔、少輔、文昌」四星。而無「貪狼」諸星之名。原術家九星之設。所以盡

「水、火、木、金、土」五星形體之變。而用之理氣。不過「一、二、三、四、五、六、七、八、九」數目字。面卷中所論挨星。如二運龍水。或挨左收作三運。或挨右收作四運。只就小地。權取合運。並無出神入化處。而蔣傳註曰：**「九星乃七政之根源。曰此中隱然有挨星口訣。曰此又挨星秘中之秘。」**未免故作神奇。言過其實。蓋九運極重。而非九星之謂也。

《周易》〈說卦傳〉「乾☰」天也。故稱乎父。「坤☷」地也。故稱乎母。「震☳」一索而得男。故謂之長男。「巽☴」一索而得女。故謂之長女。「坎☵」再索而得男。故謂之中男。「離☲」再索得女。故謂之中女。「艮☶」三索而得男。故謂之少男。「兌☱」三索而得女。故謂之少女。按卷中稱父母、子息、長男、少女本此。

邵子曰：**「天根月窟常來往。三十六宮都是春。」凡「乾☰一。兌☱二。離☲三。震☳四、巽☴五。坎☵六。艮☶七。坤☷八。」**總得三十六數。「震☳、坎☵、艮☶」卦中之陽爻爲天根。「巽☴、離☲、兌☱」中之陰爻爲月窟。按卷中稱「天根月窟」本此。

繼大師註：這以先天卦出現之先後次序編排而成數字，並非以先天卦數「九四三八二七六一」來定，這種卦象次序編排數字，用以占卜而起文王卦。

「震☳、坎☵、艮☶」為「坤☷」卦之子息卦，「坤☷」變初爻為「震☳」，變二爻為「坎☵」，變三爻為「艮☶」。（天根）

「巽☴、離☲、兌☱」為「乾☰」卦之子息卦，「乾☰」變初爻為「巽☴」，變二爻為「離☲」，變三爻為「兌☱」。（月窟）

邵康節有詩曰：「耳聽目明男子身。洪鈞賦予不爲貧。因探月窟方知物。未躡天根豈識人。乾☰遇巽☴時觀月窟。地☷逢雷☳處見天根。（初爻屬陰爻，為巽☴風，初爻屬陽爻為震☳雷。）天根月窟閒來往。三十六宮都是春。」

《原文》：《丹鉛總錄》〈九宮七色〉之說。《乾鑿度》云：「伏羲時。龍馬出河。戴九履一。左三右七。二四爲肩。六八爲足。五居其中。謂之九宮。」其色則一六八爲白。二黑。三碧。四綠。五黃。七赤。九紫。

繼大師註：《周易－乾鑿度》為鄭玄所註，字康成（公元 127－200 年）北海高密人，東漢經學家、預言家。

著作有《易緯》、《六藝論》、《周易》鄭康成注，《周禮》鄭氏注，《鄭學十八種》、《大學中庸》、《名門家訓》。

《原文》：又《唐會要曆》中。九宮天蓬星太一。坎水白。天內星攝提。坤土黑。天衡星軒轅。震木碧。天輔星招搖。巽木綠。天禽星天符。中土黃。天心星青龍。乾金白。天柱星咸池。兌金赤。天任星太陰。艮上白。天英星太乙。離火紫。

繼大師註：《唐會要曆》是北宋王溥於（公元 961 年）所著，乃續蘇冕《唐九朝會要》與楊紹復、崔鉉等撰《續會要》而作，專門記錄唐代政治經濟文化等各項政制沿革。

《原文》：按卷中稱「一白、二黑、三碧、四綠、五黃、六白、七赤、八白、九紫」本此。

朱爾謨曰：世有《青囊、天玉、寶照》諸經。註者不下數十百家。閱之令人神倦。自蔣註出。而耳目為之改觀。迨張疏成。而疑團為之頓釋。我不能盡世人。而必其能信從之否也。然兩宮雜亂之處。兩儀差錯之地。去其太甚。切宜謹避。庶不枉張子一片婆心也。

繼大師註：孔穎達疏《周易正義》，王弼、韓康伯註，又名《周易注疏》。孔穎達生於北齊後主武平五年（574年），八歲就學，曾從劉焯問學，日誦千言，熟讀經傳，善於詞章。隋大業初，選為「明經」，授河內郡博士，補太學助教。

隋末大亂，避地虎牢（今河南省滎陽汜水鎮西北）。至唐，任「國子監祭酒」，奉唐太宗命編纂《五經正義》，卒於貞觀二十二年（648年），終年75歲。孔穎達所疏《五經正義》為《周易》、《尚書》、《詩經》、《禮記》和《左傳》。

陳摶，字圖南，號扶搖子、白雲先生、希夷先生，尊稱陳摶老祖、希夷祖師等。五代末宋朝初人（公元872年－989年）。相傳著《紫微斗數》及《無極圖說》，另有《河洛理數》《神相全編》《神相鐵關刀》《華山陳摶丹道修真長壽學》。

胡一桂，於1247生，字庭芳，徽州婺源人。（今江西上饒婺源）生而穎悟，精於易學。南宋景定五年（1264年）十八歲時鄉薦禮部不第，退而講學於鄉里，遠近師之，號「雙湖先生」。其學源於其父胡方平，治朱熹易學。

吳澄（1249年－1333年）字幼清，晚字伯清，撫州崇仁鳳崗咸口（今屬江西省樂安縣鰲溪鎮咸口村）人。元代傑出的理學家、經學家及教育家。

程子即「程顥」（1032年－1085年）字伯淳，號明道，世稱「明道先生」。河南府洛陽（今河南洛陽）人。北宋理學家、教育家，是理學的奠基者及代表人物。

朱子即「朱熹」（1130 年－1200 年）字元晦，一字仲晦，齋號晦庵、考亭，晚稱晦翁，又稱紫陽先生、紫陽夫子、滄州病叟、雲谷老人，行五十二，小名沋郎，小字季延，謚文，又稱朱文公。南宋江南東路徽州婺源縣（今江西省上饒市婺源縣）人，生於福建路南劍州尤溪縣（今福建省三明市尤溪縣）。南宋理學家，程朱理學集大成者，學者尊稱朱子。

邵子即邵康節，原名邵雍，字堯夫，自號安樂先生，人稱百源先生，謚康節，後世稱邵康節，北宋人（1012－1077）儒學家、易學家、思想家、詩人。著有：「皇極經世、梅花易數、伊川擊壤集、河洛理數、邵子易數、康節説易。」

《本篇完》

（十八）張南珍攷語

繼大師註

《原文》：地理通乎易理。人皆知之。其如何通乎。易理人罕知之者。智者得之而不屑。以地理名則其說隱。

術者得之而不肯傾心傳示。則其說又隱。然識大識小。其理自不沒於人間。從父綺石（張心言地師）精於易象。旁通地理。又私淑蔣氏之門。

（繼大師註：私淑，意為對自己所敬仰而不能從學的前輩的自稱，指未當面受業的弟子。）

凡象之隱微數之豪忽。河洛之理。皆得於地理發之。叔（張心言地師）本儒生。不欲以術藝炫世。特患三元多僞法。均託之於蔣氏。使蔣氏懷濟世之心。適供後人欺世之用。不得已。取辨正一書。添圖補訣。逐一疏註。闡前人之墜。緒登來者於廣途。疏成出示珍（張南珍）曰：

「是書也不獨為堪輿之準繩。乃即儒生之本業。按法循圖。俾有親者得覓地之方。」

而因象考義。卽可爲習經者得讀易之助。豈僅步武華亭。追蹤會楊也哉。因慫恿之以付剞劂爲述。其顛末如此。

丁亥春日姪南珍雨香氏謹跋（公元 1827 年）

繼大師註：張南珍，字雨香，為張心言地師之姪兒，他心知叔父精於風水，深懂易卦理氣，並得蔣大鴻真傳，有感於偽訣充塞當時世代。

他叔父疏解《地理辨正疏》，將黃石公、赤松子、楊公、曾公、蔣公之秘訣傳承下去，並公開卦圖於卷首內，一破蔣公不說六十四卦之謎，使後來儒生學者不致被偽訣所惑。

書成後張南珍作此跋文，以示擁戴支持。張心言地師曾得蔣公真傳《洩天機卅六訣》，並私下著書給其姪兒張南珍，以示的傳。隨着世代遷移，真訣秘書不見於坊間，未知是否失傳，但無論如何，都有它的因緣存在。

《本篇完》

（十九）後記——附〈註後感〉　繼大師

《地理辨正疏》為正宗三元元空一派的代表著作書籍，內容艱深，不易明白。二〇〇八年戊子年初，用了大約四個月時間，把書內五經之原文註解。由於卦理秘訣，涉及天機，不便公開，恐誤傳後學，故只作入室傳授。

由於此書的坊間版本多有錯字及卦象圖表模糊不清，字體沒有段落，難以閱讀，十年後，幾經思考，反覆研究，遂生起整理此書之心。其後筆者繼大師發覺可將此經作有限度的註解，微露真旨，以續傳承。

從二〇一九年五月開始，筆者繼大師開始着手整理由張心言地師疏解的《地理辨正疏》，用了坊間兩個不同版本作籃本。首先將全書打稿及校對，把書中的錯字及卦圖圖象整理，弄清楚其原文文字，其中有不少錯字，很多字是內行術語，若不是研習風水的內行人，根本很難明白。

筆者幾經推敲審查，始覺完備，然後把書中內容酌量註解。由於書中有很多隱秘天機，作者不肯說出，用廿四山說卦理，很多是解不通的。讀此書的人，若不得真傳，胡亂瞎猜，容易被誤導，作者用謎語方式來著述。例如楊公在《天玉經》說：

「不用勞心力。只把天醫福德裝。未解見榮光。」

單看字面是解不通的，既然未能解釋，又怎能得見榮光呢？「天醫」是大八宅卦象中的一種變法，指本卦變初、二兩爻。如本卦是坎卦☵（坎宅）為水，變初二兩爻成震卦☳（震方）為雷。

「坎宅」之「坎卦☵」為伏位，「坎宅」之「震方」名為「天醫」方。在套入六十四卦卦象解釋時，「解卦䷧」上下卦之關係及其卦象之變法，就是「天醫」之關係。

又「離宅」之「離卦☲」為伏位，「離宅☲」之「坎方☵」名為「延年」方，即「離宅☲」之前向，是合十卦象之關係。

「福德」即是代表「延年」，六十四卦中之火水未濟卦䷿，以其上下卦卦爻交通而言，就是三爻全變之「延年」關係。

楊公說：「未解見榮光。」「火水未濟卦䷿」為火上水下，離☲上坎☵下。「解卦䷧」為雷上水下，震☳上坎☵下為雷水解䷧。

以「解卦」來說，其上下卦卦爻交通而言，震上坎下，上卦「震☳」與下卦「坎☵」比較之下，就是交通「初、四爻」及「二、五爻」，剛好就是「坎卦☵」變初二兩爻成「震卦☳」，「震卦☳」變初二兩爻成「坎卦☵」，這「解卦䷧」之上下卦就是「天醫」之關係。

若「未卦䷿」來龍，配「解卦䷧」坐山，則地卦相同，天卦三八為朋，合生成之數。相反，若「解卦䷧」來龍，配「未卦䷿」坐山，其相配關係亦復如是。龍與坐山合，則向與水口合，其理相通，「未卦䷿」向，配「解卦䷧」水口；或是「解卦䷧」向，配「未卦䷿」水口，亦是一樣原理。

楊公是經過深思熟慮，精心思考而寫成這篇經文，故《天玉經》說：

「不用勞心力。只把天醫福德裝。未解見榮光。」

根本就是一個謎語，你若不懂，書讀爛了，也不能明白，必須得明師真傳。感嘆一聲！古人守秘如此謹慎小心，就是怕洩露天機而遭天譴。

楊公著《天玉經》〈內傳下〉云：

「世人不知天機秘。洩破有何益。……相逢大地能幾人。個個是知心。若還求地不種德。隱口深藏舌。」

由於此書內容篇幅太多，加上註解後，已有十二萬二千多字，卦圖亦多；筆者繼大師當初考慮把張心言地師疏《地理辨正疏》作白話解說，但又想把原來版本繼續流傳下去，使後來學者可以跟進原文，不致失真。

因白話解說後做成太多文字，而有些學理上的論述，經白話化後，會失去原意，有些三合家的學理，前人已經辨正無遺，若再將其白話化，已沒有意義，故此毋庸再辨。

筆者繼大師於是考慮再出一本名**《地理辨正精華錄》**，將其撮要精華寫出，將**《地理辨正疏》**部份篇幅內容將其翻譯成白話，然後再進行解說。這是兩全其美的方法，祈望各書能得以順利出版，則不負筆者恩師 呂克明先師傳授之恩。

繼大師寫於香港明性洞天
辛丑年季春吉日

《地理辨正疏》全書完

註後感 —— 繼大師

在註解《地理辨正疏》一書的過程中，先後兩年多來，直至最後校對出版的藍稿，不由自主地對在清代出版由張心言疏解蔣公《地理辨正疏》的版本，產生了一些厭倦感，在〈平砂玉尺辨偽文〉最後對稿中，讀落有囉囉嗦嗦之感覺，文章句語部份重覆多次，對稿時，容易出錯。

兩個版本之書中文字沒有段落，容易產生混淆，註者繼大師對稿後錯完再錯，改完再改，對完再對，校完再校，好像沒法完成，真是有些惆悵。若沒有堅定之心志，恐怕難以完成。

在卷後〈卷之五〉《平砂玉尺辨偽》說是張心言著，但在《平砂玉尺辨偽》標題下方，又說是蔣大鴻著。在〈總論後〉首段開始說：「**蔣子作《平砂玉尺辨偽》既成。或問曰……**」驟眼看去，以為是張心言所寫，但在內文中又有張心言之疏解，觀文義，結果仍然是蔣大鴻所著。

蔣公註解這五部經典，內容滑膩不定，兜兜轉轉，俗語謂「彈弓手」，難怪繼蔣公之後，在沒有得真訣的明師傳授下，讀此書的人，誤解者不知凡幾。故此不得真訣之三合家對蔣公恨之入骨，因不得真訣，自然產生妒忌及憤怒，將怨氣直指蔣公。

尤其在清末民初，有三合家賴樹棠，為福建永定人，在清末宣統元年所著，民國四年出版的《地理仁孝一助》之〈執中賦〉序文中，大罵蔣公，罵得蔣公體無全膚，似乎在報復蔣公著《平砂玉尺辨偽》批評三合為偽法之說，以此報一箭之仇，各家爭鳴，真的冤冤相報何時了！

在《地理辨正疏》各章節的註解中，若非張心言地師開宗明義地引用卦例解說，莫說根基不好的人，很難明白，就連有卦理基楚認識的人，也難明白，必須得真傳。

張公在《青囊序》中段：「**識得陰陽元妙理。知其衰旺生與死。**」有解釋五黃運的卦例，在其他風水書籍中，註者繼大師均未曾見過解釋得如此詳盡。又在《天玉經》〈內傳上〉疏解楊公句：「**南北八神共一卦。端的應無差。**」

蔣公所註之：「**八卦之中經四位起父母。故亦曰八神四個二者……如坎至巽乃第四位。巽至兌亦第四位。……**」張公所疏，引用乾宮☰之乾䷀與泰卦䷊為卦例，確實公開了很大的秘密，明眼的內行人，必定讚嘆！

張公又在《天玉經》〈內傳中〉疏解楊公句：「**千維乾艮巽坤壬。陽順星辰輪。**」……他將六十四卦的卦爻順逆排法，疏解得非常詳盡清楚，可以說是在這五部經典中註解得最詳盡的一段，細讀下必獲益良多。

註者繼大師認為，雖然經文疏解及註解詳細，但知者自知，不知者仍然不知，但熟讀後，若遇明師指點，一旦通達，必然有所領悟！在此，註者繼大師祝各位讀者開卷有益，三元易卦學理進步！

繼大師寫於香港明性洞天
壬寅孟夏吉日

榮光園有限公司出版　繼大師著作目錄：

正五行擇日系列

一《正五行擇日精義初階》　二《正五行擇日精義中階》

風水巒頭系列

三《龍法精義初階》　四《龍法精義高階》

正五行擇日系列

五《正五行擇日精義進階》　六《正五行擇日秘法心要》

七《紫白精義全書初階》　八《紫白精義全書高階》附《紫白原本錄要》及八宅詳解

九《正五行擇日精義高階》（附日課精解）　十《擇日風水問答錄》

風水巒頭系列

十一《砂法精義一》　十二《砂法精義二》

擇日風水系列

十三《擇日風水尅應》　十四《風水謬論辨正》

風水古籍註解系列

十五《三元地理辨惑》馬泰青著（繼大師標點校對）

十六《三元地理辨惑白話真解》馬泰青著（繼大師意譯及註解）

風水巒頭系列

十七《大都會風水秘典》

十八《大陽居風水秘典》

三元卦理系列

十九《元空真秘》原著及上下（全套共三冊）劉仙舫著　繼大師註解

二十《風水祖師蔣大鴻史傳》

三元易盤卦理系列

廿一《地理辨正疏》上冊、下冊（全套共二冊）

黃石公傳　赤松子述義　楊筠松著　曾求己著　蔣大鴻註及傳　姜垚註　張心言疏　繼大師註解

未出版：

廿二《地理辨正精華錄》　廿三《三元地理命卦精解》

大地遊踪系列

廿四《大地風水傳奇》　廿五《大地風水神異》

廿六《大地風水遊踪》　廿七《風水祕義》

廿八《風水靈穴釋義》　廿九《大地墳穴風水》

三十《香港風水穴地》　卅一《廟宇風水傳奇》

卅二《香港廟宇風水》　卅三《港澳廟宇風水》　卅四《中國廟宇風水》

風水古籍註解系列

卅五《青烏經暨風水口義釋義註譯》　卅六《管虢詩括暨葬書釋義註解》

卅七《管氏指蒙雜錄釋義註解》　卅八《千金賦說文圖解》

卅九《雪心賦圖文解義》（全四冊）——繼大師註解

作者簡介

出生於香港的繼大師，年青時熱愛於宗教、五術及音樂藝術，一九八七至一九九六年間，隨呂克明先生學習三元陰陽二宅風水及正五行擇日等學問，於八九年拜師入其門下。

榮光園有限公司簡介

榮光園有限公司，為香港出版五術書籍的出版社，以發揚中華五術為宗旨，首以風水學為主，次為擇日學，再為占卜學。

風水學以三元易卦風水為主，以楊筠松、蔣大鴻、張心言等風水明師為理氣之宗，以巒頭（形勢）為用。占卜以文王卦為主，擇日以楊筠松祖師的正五行造命擇日法為主。

為闡明中國風水學問，筆者使用中國畫的技法畫出山巒，以表達風水上之龍、穴、砂及水的結構，以國畫形式繪劃，並插圖在書上，加以註解，令內容更加詳盡。亦將會出版中國經典風水古籍，重新註解及演繹其神韻。

日後榮光園若有新的發展構思，定當向各讀者介紹。

出版社：榮光園有限公司 Wing Kwong Yuen Limited
香港新界葵涌大連排道 35 － 41 號，金基工業大廈 12 字樓 D 室
Flat D, 12/F, Gold King Industrial Bldg. , 35-41 Tai Lin Pai Rd, Kwai Chung, N.T., Hong Kong
電話：(852) 6850 1109
電郵：wingkwongyuen@gmail.com
發行：聯合新零售(香港)有限公司 SUP RETAIL (HONG KONG) LIMITED
地址：香港新界荃灣德士古道 220 ~ 248 號荃灣工業中心 16 樓
16/F, Tsuen Wan Industrial Centre, 220-248 Texaco Road, Tsuen Wan, NT, Hong Kong
電話：(852) 2150 2100 電郵：info@suplogistics.com.hk
印刷：榮光園有限公司 Wing Kwong Yuen Limited
作者：繼大師
電郵：masterskaitai@gmail.com 版次：2022 年五月 第 I 次版
網誌：kaitaimasters.blogspot.hk

榮光園有限公司簡介

榮光園有限公司，為香港出版五術書籍的出版社，以發揚中華五術為宗旨，首以風水學為主，次為擇日學，再為占卜學。

風水學以三元易卦風水為主，以楊筠松、蔣大鴻、張心言等風水明師為理氣之宗，以巒頭（形勢）為用。占卜以文王卦為主，擇日以楊筠松祖師的正五行造命擇日法為主。

為闡明中國風水學問，筆者使用中國畫的技法畫出山巒，以表達風水上之龍、穴、砂及水的結構，以國畫形式繪劃，並插圖在書上，加以註解，令內容更加詳盡。亦將會出版中國經典風水古籍，重新註解及演繹其神韻。

日後榮光園若有新的發展構思，定當向各讀者介紹。

註解及校對者簡介

出生於香港的繼大師，年青時熱愛於宗教、五術及音樂藝術，一九八七至一九九六年間，隨呂克明先生學習三元陰陽二宅風水及正五行擇日等學問，於八九年拜師入其門下。

《地理辨正疏》下冊 蔣大鴻註 張心言疏 — 繼大師整理標點、校對及註解

出版社：榮光園有限公司 Wing Kwong Yuen Limited
香港新界葵涌大連排道35 - 41號, 金基工業大廈12字樓D室
Flat D, 12/F, Gold King Industrial Bldg. , 35-41 Tai Lin Pai Rd, Kwai Chung, N.T., Hong Kong
電話：(852) 6850 1109
電郵：wingkwongyuen@gmail.com
發行：聯合新零售(香港)有限公司 SUP RETAIL (HONG KONG) LIMITED
地址：香港新界荃灣德士古道220～248號荃灣工業中心16樓
16/F, Tsuen Wan Industrial Centre, 220-248 Texaco Road, Tsuen Wan, NT, Hong Kong
電話：(852) 2150 2100
電郵：info@suplogistics.com.hk
印刷：榮光園有限公司 Wing Kwong Yuen Limited
註疏者：蔣大鴻註 張心言疏 - 繼大師整理標點、校對及註解
繼大師電郵：masterskaitai@gmail.com
繼大師網誌：kaitaimasters.blogspot.hk

《地理辨正疏》下冊 蔣大鴻註 張心言疏 - 繼大師整理標點、校對及註解
定價：HK$ 400-（全套共二冊）
版次：2022年5月 第一次版

978-988-76145-3-1